LÍDERES DEL CAMBIO

QUE IMPORTA

CÓMO ADAPTAR Y ADOPTAR
NUEVAS REALIDADES

Publicado por KDi Asia Pte Ltd

www.kdiasia.com
www.kdi-americas.com

Dr. Nancy Harkrider

Tan Kim Leng

Rosa María Molló

ISBN:
978-981-09-6031-5

Tabla de Contenidos

INTRODUCCIÓN   3

SECCIÓN 1:   ▼   **NUEVO SIGNIFICADO DE CAMBIO**   5

Capítulo 1:   Explorar el Cambio como una Constante   7
Capítulo 2:   Superar la Resistencia al Cambio   17
Capítulo 3:   Alentar el Cambio   29

SECCIÓN 2:   ◀   **PLANIFIQUE UN CAMBIO ADAPTADO**   47

Capítulo 4:   Evaluar la Disposición al Cambio   49
Capítulo 5:   Un Cambio Centrado en las Personas   69

SECCIÓN 3:   ▲   **IMPLEMENTE CAMBIO DURADERO**   83

Capítulo 6:   Crear Conciencia   85
Capítulo 7:   Cultivar la Aceptación   111
Capítulo 8:   Facilitar la Adopción   133

SECCIÓN 4:   ▶   **ENCAUCE UN CAMBIO CONTINUO**   155

Capítulo 9:   Actualizar el Futuro   157
Capítulo 10:   Liderar desde el Frente   167

Tabla de Figuras

Figura 1 - Facilitación del Modelo de Cambio de KDi   4

Figura 2 - Cuatro Dimensiones del Cambio Sostenible   11

Figura 3 - Principales Razones de Resistencia al Cambio   20

Figura 4 - Fases en el Marco de la Ruta Adaptada   34

Figura 5 - Perspectivas Organizacionales   37

Figura 6 - Evaluación de la Disposición de las Partes Interesadas   66

Figura 7 – Integrar la Facilitación y la Implementación del Cambio   79

Figura 8 – Modelo de Aprendizaje de KDi para un Rendimiento Sostenible   143

GLOSARIO   177

NOTAS FINALES   183

RECURSOS   187

PRÓLOGO

El mundo en el que vivimos este siglo XXI puede a veces resultarnos tan aterrador como emocionante. A todos nos preocupa la agitación económica y política que parece fuera de control en algunas zonas del planeta. Sin embargo, la parte estimulante, tal y como la Dra. Nancy Harkrider y yo lo percibimos, puede incluso llegar a ser sublime si somos capaces de apreciar lo que sucede a nuestro alrededor desde una perspectiva completamente diferente.

Para que nos conozcan un poco más, nuestra trayectoria abarca más de 25 años de trabajo y estrecha colaboración que recientemente culminamos al publicar nuestro libro "Leading Change that Matters". Durante todos estos años hemos tenido la suerte de descubrir, practicar y seguir mejorando nuestro Modelo de Facilitación del Cambio. Con él, hemos ayudado a numerosas empresas a dirigir ese momento aterrador y emocionante del que hablábamos, que siempre conlleva un proceso de transformación, innovación y creación.

La historia de KDi se gestó en Singapur. Esta ciudad-estado es en sí misma el puro ejemplo de la esencia del cambio transformacional. Hace cincuenta años, Singapur era un país subdesarrollado y hoy es una de las economías con un crecimiento más rápido del mundo. Este entorno único potenció nuestras ganas de seguir innovando y generó la necesidad de compartir con otros nuestros conocimientos y experiencias en materia de organización. Creemos firmemente que un diálogo abierto genera una dinámica positiva dentro de cualquier empresa, y a menudo esto es lo que más se necesita para generar un impulso inspirador que fomente confianza y ese trabajo en equipo tan necesario para marcar el rumbo hacia un cambio exitoso.

La génesis de muchas de las ideas que aparecen en este libro es el resultado de la labor realizada durante más de dos décadas con clientes y socios que creyeron en nuestra capacidad de marcar la diferencia a la hora de facilitar sus iniciativas de modernización. Por el camino, nos fuimos encontrando con un puñado de profesionales que compartían nuestra filosofía y que no sólo entendían el poder de nuestro Modelo sino que eran capaces de ampliarlo y adaptarlo a sociedades culturalmente diferentes. Y así fue como, casi sin pensarlo, acabamos aplicando nuestro método en diferentes partes de Asia y África.

Cuando decidimos iniciar nuestra práctica en países de habla hispana pensamos que era la hora de dar un paso más. De inmediato nos dimos cuenta de que queríamos transmitir nuestras reflexiones en su idioma. Como dijo una vez Nelson Mandela, "Si hablas a una persona en una lengua que entiende, las palabras irán a su cabeza. Si le hablas en su propia lengua, las palabras irán a su corazón". Por experiencia sabemos que todo cambio implica, inevitablemente, cabeza y corazón.

Nuestra colega española, Rosa M. Molló empezó a trabajar en esta edición del libro hace un año y por supuesto, de inmediato puso en marcha su corazón y su mente. Rosa defendía que la versión en inglés es excelente para las sociedades de habla inglesa pero que convenía acercar más al lector algunos de los conceptos y ejemplos que presentábamos. Sugirió unos cuantos cambios para captar no sólo el contenido, sino también el alma de nuestro modelo. No podíamos estar más de acuerdo y tras muchos meses de esmerado esfuerzo, la versión en español del libro está en nuestras manos, impregnada de refinamiento y re-interpretaciones que sólo podíamos esperar en nuestros mejores sueños.

Después de muchas revisiones, creemos que la utilidad de nuestro Modelo llegará de forma directa y clara a nuestros clientes de habla hispana. Estamos profundamente agradecidos a Rosa por su hábil adaptación y su dominio de la lengua española que ha convertido la experiencia de nuestra primera traducción en un interesante viaje de "co-autoría" compartida en el sentido más honesto y pragmático de la expresión. Un ejemplo más de la forma en la que nos gusta trabajar.

Si usted está leyendo esta edición del libro, no sólo conocerá nuestro enfoque que se basa en todo lo aprendido estos años y en ejemplos concretos con los que nos hemos encontrado en diferentes países y continentes, sino que también podrá situarlo en el contexto de su propia perspectiva cultural y acercarlo a las necesidades de su organización. Si conseguimos esto, habremos logrado lo que buscábamos.

Como siempre, sus comentarios y sugerencias para mejorar nuestro trabajo diario serán bienvenidos y esperamos que *Líderes del Cambio que Importa* le sirva de guía y le acompañe en su propio viaje de cambio en este mundo tan aterrador como emocionante.

TAN Kim Leng
Fundador y Director Ejecutivo KDi

PREFACIO

¿Por qué este libro es diferente? Tal vez esté cansado de que le hablen de modelos de cambio que prometen mucho y después ofrecen poco. ¿Está listo para entrar en el círculo de vencedores liderando ese cambio que realmente importa y que además sea duradero?

Si es así, *Líderes del Cambio que Importa* es para usted. No más grandilocuentes presentaciones que mueren antes incluso de ponerlas en práctica. Se acabaron también los esfuerzos de planificación en vano. Y los irreparables errores. Cuando termine de leer estas páginas, usted habrá confeccionado en su mente un nuevo significado de cambio. Este libro está basado en casos de estudio reales y ejemplos muy ilustrativos que le harán pensar, perfeccionar sus habilidades de liderazgo con nuevas estrategias útiles y le dará las claves para ser un líder más eficaz.

¿Cómo nuestro modelo le prepara para navegar por un cambio imprevisto y caótico? Cada vez más, las organizaciones eficaces adoptan una visión a largo plazo con estrategias orientadas a los procesos y tácticas centradas en las personas. Hemos observado que nuestros clientes actualizan su concepto de cambio cada vez que la influencia de nuestro Modelo de Ruta Adaptada se incrusta en un desafío organizacional de alto riesgo.

Nuestro modelo de Facilitación del Cambio y el Marco de Ruta Adaptada descritos en este libro se basan en dos décadas de trabajo con clientes en Asia, África, Oriente Medio y, más recientemente, en Las Américas. En nuestro día a día, nos enfrentamos a situaciones imprevisibles y a la presión de ignorar nuestras emociones para que podamos abordar cualquier asunto que tengamos en mano. Por eso, en KDi, tenemos la necesidad de compartir nuestros conocimientos con otros. El cambio sostenible se consigue a medida que convertimos a todas las partes interesadas aún no comprometidas en implicados activos. Sabemos que esto sólo es posible si usted es capaz de llegar a las mentes y los corazones de su gente. Esa es la base de nuestra filosofía y el objetivo de *Líderes del Cambio que Importa.*

Sabemos cuándo conviene que nosotros demos un paso atrás y cuándo hay que intervenir para que las nuevas técnicas que aprenderá a nuestro lado le reafirmen. Estaremos a su lado pero es usted el que en este momento de transformación debe mostrar el liderazgo que le hará conseguir los objetivos correctos. Por nuestra parte, esperamos conocer las necesidades de su organización, sus retos y su visión. Reformular el concepto de cambio que usted ha tenido hasta ahora, le hará también cambiar drásticamente la forma en que usted va a dirigir todo el proceso. Nos comprometemos a acompañarle y juntos disfrutaremos de este fascinante viaje que renovará totalmente su forma de ver las cosas.

NUESTRA DEFINICIÓN DE CAMBIO DURADERO

En un contexto de cambio dentro de organizaciones, esta es nuestra definición:

Cambio es algo que se mueve drásticamente en nuestro mundo externo. Inicialmente nos hace resistir, después considerar, y finalmente adoptar un sistema de conceptos más eficaces.

Aunque esta definición apela a la parte lineal de nuestro cerebro, hasta que la parte emocional del mismo no la reconoce, el cambio, como lo hemos definido aquí, no se produce.

Nancy Harkrider recuerda una vivencia que su familia tuvo con un tornado, que nos sirve para demostrar cómo el acto mismo de "cambiar" puede adquirir una relevancia universal independientemente del lugar del mundo al que usted considere su casa. Nancy nos lo describe de esta manera:

Me he criado en el seno de una familia de granjeros de Texas. En aquellos días, los rancheros construían sus casas sobre pilares de ladrillo que dejaban por debajo un espacio lo suficientemente grande para que los niños jugaran en él, y los perros se cobijaran. Estas casas eran prácticas por muchas razones pero peligrosas en caso de tornado.

Mis bisabuelos Tom y Mary Ann vivían en la parte posterior de la casa de mis abuelos en una granja de este tipo. Un día, un tornado arrancó la vivienda de sus pilares y la hizo volar por el cielo. Mary Ann, una granjera que nunca se inmutaba, estaba de pie en el fregadero de su cocina cuando el tornado les sacudió. Al ver por la ventana cómo su casa giraba hacia el cielo, exclamó: "¡Dios mío, Tom, estamos sobrevolando el campo de melocotones de William!"

La casa aterrizó entera en el jardín de hierbas de mi abuela. Cuando el resto de la familia salió del refugio, con miedo por lo que les podía haber ocurrido, descubrieron a Tom y Mary Ann sentados en el porche de su casa desplazada varios metros y, milagrosamente, sin ningún rasguño.

¿Cómo sobrevivieron a tamaña experiencia? Simplemente permanecieron tranquilos. En todo momento, pudieron observar hacia dónde la tormenta les estaba transportando. Después del tornado veían la granja de su hijo desde una perspectiva totalmente diferente. Parecían los mismos, pero lo que acababan de vivir les había cambiado para siempre. Ese es el tipo de cambio que estudiaremos en este libro.

Hasta el día de hoy, cuando alguien de su familia experimenta algún tipo de conmoción emocional, se refieren a ello como que "pasan por encima del huerto de melocotones de William". Todos entienden que están experimentado, y conscientemente absorbiendo, algún tipo de cambio significativo en sus vidas.

Le recomendamos trabajar con otros para crear una historia que llegue a lo más profundo de su gente. Nada conmueve más que una poderosa historia, una de esas cuyo impacto va más allá de la descripción. Este tipo de relatos son los que llegan al corazón del cambio. Y los que lo hacen posible.

INTRODUCCIÓN

Si emprender iniciativas de cambio fuera fácil, lo resolveríamos en dos días, pondríamos una cruz en nuestra lista de tareas pendientes, y nos iríamos a celebrarlo con los compañeros de la oficina.

Pero este libro es para líderes como usted. Se basa en la experiencia que hemos acumulado con clientes de varios continentes, con los que hemos descubierto lo que se necesita para no simplemente gestionar un proceso, sino para liderar el cambio de forma adecuada. Y seamos claros. El éxito, el cambio sostenible y duradero al que aspiramos, sólo puede ocurrir cuando usted consigue incorporar a su causa el firme compromiso tanto de las partes interesadas internas, como de las externas. Cuando decimos que es posible sólo si gana los corazones y las mentes de su gente nos referimos al ADN de nuestra filosofía. Guiarle para que lo consiga es el objetivo de este libro.

En esencia, estamos hablando de personas. Podemos suponer que algunos de ustedes están pensando que los sistemas, procesos y estructuras desempeñan un papel en el cambio. En eso estamos de acuerdo, pero no olvidemos que las personas son las que realmente diseñan el camino a seguir.

El cambio organizacional debe ser conducido y facilitado puesto que lidia con la complejidad de las interacciones humanas. Dejarlo todo al azar conllevaría casi con total seguridad al desastre o a malgastar los esfuerzos para llevar a la práctica el cambio duradero que buscamos. Su éxito depende de la conciencia, la aceptación y aprobación por parte de la mayoría de todos los actores implicados que se encuentren tanto por encima como por debajo de la jerarquía organizativa.

Usted puede cubrir toda una pared de su oficina con libros sobre cambio e innovación. Muchos se basan en generalidades y un único punto de vista tomado desde la distancia. Siempre nos dan la sensación de que ofrecen una suntuosa comida de gourmet, para descubrir al final que el restaurante está cerrado. El polo opuesto es el método del "patio de comidas". Ofrecen una amplia gama de alternativas pero nada que nos guíe hacia las opciones de alimentos que satisfagan y sostengan nuestras necesidades.

Nuestro Modelo de Facilitación al Cambio (véase Figura 1) utiliza un camino intermedio empoderando a todo el cerebro. Le ayudamos a plasmar su experiencia en la comprensión de la forma y por qué ha de centrar su cambio en las personas. Nuestro método para planificar el cambio no es el habitual enfoque de gerencia de proyecto lineal. Nuestra técnica se basa en la incorporación de Redes de Apoyo al Cambio para estimular los canales de comunicación entre el personal de nivel intermedio y los altos directivos.

El siguiente paso será diseñar estrategias de aplicación en base a lo que hemos encontrado que funciona para clientes que tenemos en diversos contextos, con pautas claras de por qué elegimos estas estrategias, lo que se necesita para hacerlas efectivas, y cómo pueden ser evaluadas.

Dado que no es posible afrontar de una vez todos los posibles nuevos conceptos que le ofrecemos en nuestro Marco de Ruta Adaptada, no espere tener todo el escenario claro tras una primera mirada a las estrategias y herramientas que recomendamos. Le sugerimos que primero lea para comprender.

Las personas son las que impulsan el cambio en una organización

Redefinir Cambio
Reconocer el cambio como una constante
Superar la resistencia
Potenciar el cambio

Dirigir el Cambio
Actualizar el futuro
Liderar desde el frente

Plan del Cambio
Evaluar la disposición
Mapa del cambio

Implementar el Cambio
Crear conciencia
Cultivar la aceptación
Facilitar la adopción

El liderazgo cambia en cada fase del modelo

Figura 1 - Facilitación del Modelo de Cambio de KDi

Redefinir Cambio

Rol de Liderazgo

Explorar el cambio como una constante
Superar la resistencia al cambio
Alentar el cambio

¿Por qué es esencial analizar el significado del cambio?

- Las tradicionales formas de gestión del cambio han dejado de funcionar.

- El futuro, incluidos los próximos diez minutos, es incierto y puede presentarse incluso de forma caótica.

- Interiorizar su rol en esta nueva forma de hacer negocios significa descubrir aquellos elementos de resistencia al cambio.

Lo que implica para un líder reformular el cambio

Primero, ¡relájese!

- Encuentre un coach con experiencia. Esto es esencial a la hora de adquirir nuevas formas de pensar para que pueda liderar con fuerza.

- Convénzase de que lo que aprenderá en este libro es crucial para entender este nuevo estilo de liderazgo.

- Asuma que desde el instante que se ponga al frente aplicando este método, usted será el ejemplo que demuestre cómo la evolución sucede a través de un modelo ya probado y que, por experiencia, sabemos que logra un cambio sostenible.

- La transparencia y la honestidad le darán credibilidad frente a su equipo a medida que identifique cómo reformular el cambio.

- Siga pensando de forma estratégica y manténgase al tanto de todos los detalles de planificación y su ejecución.

CAPÍTULO UNO
Explorar el Cambio como una Constante

La elección del título de este primer capítulo está pensada para que usted haga una pausa y se pregunte la naturaleza esencial del cambio como una constante, tanto el que llega de forma prevista como el que no podemos anticipar. Nos centraremos en el carácter estratégico que supone liderar un proceso de cambio sostenible. Aproveche para pensar qué significa cambio para usted y para su organización. Explore de forma honesta su resistencia natural a la realidad de una nueva dinámica necesaria -aunque inicialmente le resulte incómoda- pero que ha llegado para quedarse. Y asuma que esa certeza con la que funcionaban las empresas en el siglo XX ya no existe.

Su rol y nuestra misión

Como directivo, tal vez ya haya recibido el mandato de dirigir el proyecto de su organización para ejecutar un proceso de cambio rápido. Si todavía no ha sucedido, prepárese, ya que puede producirse en cualquier momento. O, tal vez, es usted el que se ha dado cuenta de aspectos que hay que mejorar y desea presentar un plan sólido para impulsar una dinámica que promueva su iniciativa. En cualquiera de estas circunstancias, nuestra misión es apoyarle para que amplíe su perspectiva respecto a la complejidad que esto representa. Le ofreceremos herramientas útiles y prácticas que le guíen a través de este proceso.

Gestionar con una mirada telescópica

Seguramente, desde que ha abierto este libro, está interesado en descubrir cómo usted y su organización se pueden anticipar y responder de forma proactiva a la hora de gestionar lo imprevisto. Sí, parece una contradicción. Sin embargo, le proponemos que esta idea se convierta en su mantra. Nuestra intención al ofrecerle este punto de vista es ilustrar la importancia y necesidad de la Adopción del Cambio como el único camino para asegurar la viabilidad y sostenibilidad del proceso que va a iniciar.

Para que este libro le sea útil, es importante que pueda compartir con nosotros la creencia de que el cambio es algo continuo en el tiempo y que, a pesar de que el futuro es incontrolable, se puede gestionar de forma proactiva. Con esto en mente, vamos a empezar a trabajar juntos.

Podemos garantizar que a lo largo del camino manifestará diferentes niveles de resistencia. El Capítulo 2 se refiere específicamente a ello. Le sugerimos que interiorice que esto puede ocurrirle no sólo a otros miembros de su organización sino también a usted y, a veces, cuando menos se lo espere. Es parte de la naturaleza humana, incluso en líderes con un alto grado de compromiso, descubrir sus propios focos de resistencia. Además, usted, como profesional y como directivo firmemente comprometido, cree en métodos y acumula experiencias que le hacen legítimamente preguntarse si realmente es necesario un cambio en la estrategia que ha llevado a cabo hasta ahora sin que le ofrezcan pruebas convincentes. Precisamente, son esas preguntas y la reflexión que provocarán en usted lo que hará su rol organizativo todavía más eficaz.

Ésta es la primera de una serie de sencillas técnicas que hemos encontrado útiles para nuestros clientes y nosotros mismos. Cuando al leernos sienta que le apetecería cuestionarnos algo, anote sus preguntas. *¿Por qué es necesario? ¿Cómo se puede hacer frente a este reto? ¿Por qué esto no tiene sentido para mí?* A medida que comience a trabajar con las herramientas para la planificación y ejecución de las iniciativas de cambio irá abandonando lo que llamamos "rastro discrepante". Y ya que el cambio comienza con preguntas, pensamos que esa lista le será útil cuando se enfrente al reto de tener que administrar lo incontrolable.

Ahora que empezamos juntos esta andadura, tal vez sea el momento para que reflexione sobre una serie de cuestiones clave:

- ¿Tiene todo esto lógica? ¿Qué preguntas me quedan?
- ¿Cómo pueden estos conceptos ayudar a mi organización?
- ¿Cómo estos conceptos me afectan a mí personalmente?

Antes de llegar al "por qué" y el "cómo" de la planificación y las herramientas de aplicación, hablaremos de los elementos de cambio constante para que usted tenga una mirada telescópica antes de que le pidamos poner el zoom y pueda apreciar la realidad más de cerca.

Innovación y cambio en el siglo XXI

La atención de los medios de comunicación a todo lo relacionado con innovación y cambio organizativo hace que estos temas sean cada vez más habituales en las noticias. Fácilmente se puede asumir que hay un conocimiento básico bastante generalizado. Sin embargo, todos nosotros todavía nos hacemos algunas preguntas: *¿qué representan estos cambios para mí? ¿En qué sentido es diferente el siglo XXI del XX? ¿Acaso alguien pulsó un interruptor para que todo cambiara de la noche a la mañana?*

Aunque es tentador imaginar el cambio a partir de la ingenua *teoría del interruptor*, por supuesto, sería un error y demasiado simplista. Mientras la dinámica global de finales del siglo XX impulsaba los cambios que experimentamos ahora, también se producían otros nuevos y dramáticos movimientos. Por eso, tenemos que empezar por reconocer el cambio en las normas culturales que fueron ampliamente aceptadas en el siglo pasado, pero que ya no son viables en el siglo XXI.

Hemos pasado de una Economía de Recursos -a mediados y fines de siglo XX- a la Economía del Conocimiento que domina el siglo XXI. El puente entre estos dos extremos se construyó en la década de los 90 pero entonces aún no había muchas organizaciones reconocidas que afrontaran el cambio. Aquellos que cruzaron el puente pronto y conscientemente gozaron de una gran ventaja respecto a los demás.

En el diario virtual del Ash Center para la Gobernación Democrática e Iniciativas Innovadoras de la Harvard Kennedy School of Government, Sara Horowitz y Maya Enista, han identificado tres tendencias que ofrecen una interesante visión para entender por qué las organizaciones del siglo XXI son diferentes.

- Las herramientas digitales son más rentables, llegan a muchas más personas, promueven un diálogo transparente e inclusivo, además de favorecer a los usuarios la creación de contenidos.

- Los dirigentes que se mueven confortablemente a través de fronteras geográficas y culturales se alejan de las normas jerárquicas de mediados del siglo XX y se convierten en dirigentes de esos entornos cambiantes.

- Nuestro pacto social está transformándose continuamente. La capacidad de resolver problemas de las empresas y administraciones es cada vez más insignificante en comparación con las necesidades sociales de hoy. Más grupos están movilizando a sus propios sectores de influencia con el objeto de proporcionar beneficios colectivos y recursos para promover cambios en representación de sus miembros.

Para innovar necesitamos contar con los grupos de interés más afectados

Cada iniciativa de cambio ejerce un gran impacto en un determinado grupo de personas. Por ejemplo, si usted necesita crear un nuevo sistema de comunicación para sus socios externos pero sabe que no implica para nada a sus empleados, estamos ante un proyecto de cambio relativamente sencillo. Si el cambio conlleva un cambio de mentalidad y nuevos conocimientos para que, pongamos por caso, su departamento de ventas pueda manejarse bien con un nuevo sistema de comunicación, entonces, la complejidad puede aumentar considerablemente.

Cuando impulsamos un cambio, es arriesgado suponer que afecta únicamente a uno de sus grupos de interés y que no inquietará a ninguno de los demás. Piense cuántos puntos de contacto un equipo de ventas y sus gerentes tienen con otras partes de la organización. Si el equipo de ventas se cierra en banda, sus quejas tendrán un impacto en toda la organización. Y no es de extrañar que esto conlleve inmediatamente una caída de las ventas. En ese momento, todas las partes interesadas, de la parte inferior a la parte superior de la organización, cada socio externo, cada accionista, los medios de comunicación y sus principales clientes, pueden verse implicados en una espiral descendente. Algo parecido al efecto dominó. Se cae la primera ficha y arrastra a las demás sin darnos tiempo a reaccionar.

Nuestra perspectiva de cambio organizacional

Desde hace varias décadas, KDi se ha convertido en un respetado líder, primero en Singapur, posteriormente en toda la región de Asia y en los últimos años en África y Oriente Medio y Las Américas. A todos nuestros clientes enfatizamos el dramático y espectacular cambio que se produjo a finales del siglo XX cuando pasaron de la Economía de Recursos a la actual Economía del Conocimiento. Igual que pasó entonces, es fundamental que aquellas organizaciones con visión de futuro sean conscientes de que, más que un acuerdo tácito, es absolutamente esencial adquirir una actitud proactiva ante este tipo de situaciones de cambio.

Las cuatro dimensiones, como se describe en Figura 2 , muestran cómo en gran parte del mundo se ha hecho esta transición de la Economía de Recursos a la Economía del Conocimiento. Estos pasos son los que consideramos fundamentales para lograr un cambio sostenible:

- **Del producto al rendimiento**
  Mientras que la producción es el combustible para la economía, el elemento más esencial hoy en día se centra en el "cómo". Así aumentamos la aprobación de las partes implicadas, lo que conllevará a un mayor rendimiento.

- **De la funcionalidad a los procesos y aptitudes**
  Este planteamiento es un movimiento necesario para que las organizaciones puedan satisfacer las necesidades de las partes interesadas.

- **De las tareas a las oportunidades asentadas en proyectos**
  Este cambio impulsará a las organizaciones hacia una posición de liderazgo porque les hará valorar distintas opiniones y promover la participación.

- **De los recursos internos a la inclusión de redes de colaboración**
  Estas redes se aprovechan tanto de los talentos dentro de la organización, como de los asociados estratégicos externos.

De la Economía de Recursos a la Economía del Conocimiento

Producto	**Rendimiento**
Tareas	**Proyectos**
Interno	**Alianzas**
Función	**Proceso**

Figura 2 - Cuatro Dimensiones del Cambio Sostenible

Todas estas dimensiones hablan del proceso de transformación ocurrido en el último siglo y la importancia de utilizar lo que aprendimos de la Economía de Recursos para responder a los nuevos retos del presente y del futuro de la Economía del Conocimiento. Y lo que es igual de importante, la necesidad de que usted "desaprenda" lo que funcionaba hace veinte años, o incluso hace un mes, y así hacer espacio para las nuevas respuestas proactivas al cambio.

Aplaudimos la labor de Karl Weick y Kathleen Sutcliffe, dos líderes del pensamiento que escribieron *Managing the Unexpected*, todavía no traducido al español. Su mensaje fundamental, basado en sus trabajos de investigación con lo que ellos denominan "organizaciones de alta fiabilidad", habla de cultivar la atención y la anticipación. En este ejercicio incluyen:

- Analizar los pequeños errores
- Resistirse a sobresimplificar
- Permanecer sensible a los procesos
- Mantener capacidad de flexibilidad
- Priorizar la experiencia, antes que el estatus o el rango, cuando designe un líder.

Otra persona cuyo trabajo admiramos es John Kotter, profesor emérito de la Escuela de Negocios de Harvard, reconocido por sus estudios de liderazgo y cambio. En su análisis, él identifica la migración del siglo XX al siglo XXI con desafíos concretos encontrados en iniciativas de cambio. Su obra se ha convertido en un clásico, y es tan viable hoy como cuando fue escrita en 1996.

Utilizando los avances conseguidos con el trabajo de personas como Kotter, nuestra consultoría aplica sus teorías a nuestro modelo para abordar el cambio a través de un proceso que opera sobre el terreno en lugar de hacerlo desde la distancia.

Está demostrado que cada vez más, las organizaciones que presentan un éxito continuado y sostenible son las que están organizadas internamente siguiendo principios estratégicos y estructurales, orientados en cómo llevar a cabo los procesos centrados en las personas.

Reconocer y aprender a trabajar con retos

En su libro, *Management Reset: Organizing for sustainable Effectiveness,* Ed Lawyer y

Chris Worley han identificado cuatro desafíos básicos que reúnen un amplio punto de vista sobre la forma en la que las organizaciones deben ser administradas. Independientemente de la cultura política de la organización o de su misión, la eficacia de estos valores básicos debería hacernos pensar.

- **Cómo generar valor**
  Lawyer y Worley enfatizan su preferencia por estrategias robustas frente a las que fomentan estrictamente la competencia. Si bien es cierto que, a menos que una organización sea competitiva dejará de existir, también es cierto que si no basa esa competencia en la agilidad de pensamiento innovador, está adoptando una mirada de futuro muy miope.

- **Cómo organizar el trabajo**
  Las organizaciones sostenibles necesitan un diseño que las haga adaptables, con capacidad de respuesta a condiciones cambiantes, y preparadas para atender a las diversas partes implicadas. La estructura, los métodos de trabajo, y el proceso de gestión han de facilitar la innovación, la ejecución, la colaboración y la eficiencia.

- **Cómo tratar a las personas**
  Este concepto fundamental se centra en alimentar el talento en función de la capacidad de los empleados. La clave para el éxito de las organizaciones que crean valor a través de las aptitudes refleja lo que hoy entendemos por atraer, retener, desarrollar y motivar el talento.

- **Cómo guiar el comportamiento**
  La manera con la que se comportan los empleados está fuertemente influenciada por la combinación del estilo de liderazgo y cultura de su empresa. Las organizaciones que ejercen una gestión sostenible necesitan ser dirigidas con un enfoque que cree líderes a través de la organización y que rechace el distante modelo del alto ejecutivo. Se necesita una cultura que ame el cambio, la innovación y el rendimiento sostenible.

Cualidades del directivo fuerte

Kim Leng cuenta una historia acerca de una conversación con un alto directivo de Tanzania, que se acercó a él con esta pregunta:

Puedo ver cómo a países en desarrollo como el nuestro les queda mucho para

ponerse al día por lo que vamos a estar siempre en el "negocio" del cambio.
Pero, ¿por qué también sucede en los países avanzados como Singapur?

Kim Leng entiendió perfectamente la idea que subyacía detrás de la pregunta, especialmente considerando que los retos son especialmente importantes en lugares como África. Su respuesta, sin embargo, sorprendió a su interlocutor. Kim Leng señaló que cada país, sin importar el lugar dónde se encuentra en el arco del desarrollo, enfrenta acontecimientos inesperados de menor y mayor magnitud que requieren liderazgo robusto como ingrediente esencial para el éxito.

Habrá notado que para identificar las cualidades esenciales que pensamos ha de tener un directivo fuerte, no usamos adjetivos como "ejemplar" o "superior", u otros parecidos. Un individuo que tenga resistencia psicológica demuestra una clara capacidad para hacer frente al estrés y la adversidad. Como un deportista, él o ella es capaz de recular o avanzar de nuevo con total normalidad después de doblarse, estirarse o recibir una fuerte presión.

Convertirse en un agente de cambio significa involucrarse y renovarse permanentemente. A pesar de todo lo conseguido en el siglo XXI no hay que dar nada por sentado y uno nunca puede dar por finalizada una iniciativa de cambio. Simplemente va migrando de una posición a otra a medida que evoluciona.

Para entendernos, considere este viejo refrán que dice: si usted no forma parte de la solución, es parte del problema. La lectura que nosotros hacemos de este viejo proverbio es la siguiente: Usted puede estar parado sin hacer nada y ser atropellado, o bien puede tomar la iniciativa y convertirse en pionero. En esta carrera, sin embargo, no se trata de que usted gane una vez sino de que lo logre como si se tratara de relevos en los que usted deberá ir pasando la batuta a otros.

Las cualidades que creemos son las más importantes no sólo hablan de quienes somos, sino también en quién nos estamos convirtiendo. Éstas incluyen:

- **Ansia de aprender**
  El mundo está lleno de oportunidades para tener una vida de permanente búsqueda de aprendizaje y conocimiento.

- **Valor para intentarlo**
  Sin explorar nuevos caminos y nuevos descubrimientos, ninguna nueva

experiencia sería posible. El único auténtico fracaso es sucumbir al miedo.

- **Astucia para inspirar**
  A través de los demás, también podemos ofrecer nuestra ayuda a otros para que perfeccionen superando obstáculos. Aunque, tradicionalmente, el término astucia puede asociarse a manipulación, nosotros pensamos que el lado positivo de este rasgo es sobre el buen uso de nuestras dotes de persuasión para orientar, entrenar e inspirar a los demás.

- **Deseo de influenciar**
  Si usted es un directivo, otros en el camino vieron y recompensaron su capacidad de influencia y control. Sin embargo, tenga en cuenta que, bajo condiciones de estrés, el deseo de controlar puede impedirle ser flexible cuando intente modelar la mentalidad de otros.

- **Flexibilidad bregando entre picos y valles**
  Su capacidad de adaptación se prueba de forma muy contundente cuando usted se sitúa en el asiento delantero de esa montaña rusa a la que llamamos cambio. Por lo tanto, al subirse a bordo, esté preparado para lo que puede ser a veces un aterrador, y con frecuencia estimulante, trayecto que le cambiará la vida.

Ventajas inmediatas de fortalecer el cambio

Aquí están los atributos que hemos identificado en nuestro trabajo con gobiernos y organizaciones de países con economías emergentes:

- Gestionar el cambio facilita la implementación de proyectos, una parte integral de cualquier iniciativa de proyecto.

- Comprometerse en trabajar al unísono crea un común entendimiento sobre los objetivos del negocio y la estrategia de las iniciativas de cambio.

- Centrarse en mejorar la comunicación permite satisfacer todas las expectativas y preocupaciones de los interesados clave involucrados desde el principio.

- Diseñar una cultura para fomentar el estímulo genera confianza, apoyo y compromiso para implementar el cambio.

- Reconocer la resistencia de algunas personas es efectivo cuando escuchamos conscientemente sus miedos y respondemos sus inquietudes de forma efectiva. A menudo la gente se suma a un proyecto pronto y fácilmente si antes sus discrepancias han sido atendidas y valoradas.

- Aprovechar los éxitos iniciales involucrando directamente a las personas, cualquiera que sea su responsabilidad en el puesto de trabajo, es uno de los primeros indicadores de éxito. Verá cómo su entusiasmo se contagia a otras personas.

¿A dónde vamos desde aquí?

Creemos que fijarse en las prestaciones es fundamental para conducir iniciativas y conllevar dividendos sostenibles.

Antes de que profundicemos en las estrategias prácticas es esencial que exploremos las razones subyacentes por las que cambiar de forma súbita se convierte en un complejo desafío para las organizaciones y por lo que algunos grupos de interés pueden optar por resistirse.

Así que no nos vamos a cansar de repetir lo que reiteradamente encontrará en nuestras páginas. Este libro se trata de personas, primero, después y siempre. Ningún gran evento, ni esos mensajes pomposos y vacíos del CEO, ni una misión cuidadosamente diseñada, ni ningún documento de posicionamiento será efectivo a menos que encuentre maneras de cambiar los corazones y las mentes de las personas implicadas, la gente que más fuertemente recibirá el impacto del cambio.

Si los directivos saben que tienen que modificar algunas actitudes para ser líderes con éxito en un mundo de cambios rápidos, ¿por qué todos nosotros, de una u otra forma, a veces nos resistimos? Algunas de las respuestas, como verá en el Capítulo 2, pueden sorprenderle.

CAPÍTULO DOS
Superar la Resistencia al Cambio

En lugar de tratar superficialmente la necesidad de cambio como algo que nos viene dado, hemos elegido enfatizar, dedicándole un capítulo, la importancia de cambiar la forma en que cambiamos.

Definimos cambio en el contexto de un trayecto continuado, explorando el por qué nos resistimos la cambio interno. De esta forma mejoramos nuestra predisposición a contemplar mejor los movimientos necesarios para superar las trabas a las que nos limita nuestra inicial forma de pensar.

Hay cambios y cambios. El cambio del que hablamos es el que nos permite administrar lo inesperado e innovar en métodos que nos ayudan a superar con éxito los embates que nos llegan por sucesos incontrolables. Como hemos señalado en el Capítulo 1, la necesidad de adoptar un enfoque proactivo para todo tipo de cambio es lo que nosotros recomendamos en este mundo cada vez más incierto en el que vivimos.

Es absolutamente cierto que las iniciativas para cambiar sin más, en sí mismas, no son útiles. Todos nosotros hemos experimentado este tipo de intentos bien intencionados pero equivocados ya que son caminos que no llevan a ningún lado.

Le recomendamos encarecidamente que lea este capítulo atentamente y recurra a él a medida que usted y su equipo vayan avanzando a través de nuestro Modelo de Facilitación para lograr un cambio sostenible. Sostenible, duradero, continuado. Estos son los términos clave a tener en cuenta.

¿Por qué nos resistimos a lo que sabemos que es bueno para nosotros?

La respuesta más simple a esto es porque somos seres humanos. Desde que nacemos nuestra parte emocional del cerebro se resiste al cambio.

Cuando somos niños nos entristece dejar la guardería. Pocos años después, oímos la voz de nuestros padres que con entusiasmo nos dicen, "cambiar a la escuela será bueno para ti". Cuando llegamos a la pubertad, el mantra del cambio vuelve a estar presente en nuestras vidas. Pronto llegará el primer amor no correspondido. Cuando nos convertimos en adultos ya hemos experimentado muchos cambios, de esos que dicen son buenos para enseñarnos lo que es la vida pero que cuando ocurren no nos sientan bien y hasta dejan restos persistentes en nuestro inconsciente.

¿Y qué ocurrió cada vez? Retamos al cambio, y probablemente cada vez notamos esa punzada emocional que nos iban provocando los acontecimientos sobre los que no teníamos control. El neurocientífico Paul MacLean nos recuerda que la mayor barrera de lenguaje "se encuentra entre el hombre y su cerebro animal donde la maquinaria neural no existe para intercomunicarse en términos verbales".

Esto significa que nuestras opiniones residen principalmente en la parte no verbal de nuestro cerebro, el sistema límbico, donde las creencias no son accesibles de la misma manera que en nuestro lóbulo frontal que controla nuestro pensamiento consciente. Así que mientras la lógica de nuestra madurez nos empuja de forma imperativa a aceptar el cambio con el fin de gestionar de forma eficaz ese proceso, nuestro cerebro emocional quiere evadirse e incluso huir. Y aunque tal vez físicamente permanezcamos en la sala y pensemos que estamos preparados para el cambio con entusiasmo, la parte emocional de nuestro cerebro se ha distanciado. Esto significa que ahora tenemos que hacer un esfuerzo consciente para realzar nuestra parte emocional y su papel en la forma en la que actuamos, lo que no quiere decir que le permitamos controlar nuestra auténtica capacidad de liderazgo.

Como Kim Leng describe, "tenemos dificultad en aceptar los datos y hechos de todo lo que nos rodea, y que está fuera de nuestro patrón mental. Hasta que intelectualmente nos comprometemos y practiquemos revisando y ampliando nuestro modelo, estamos atrapados en ver el mundo de una sola manera".

Cómo administramos los mitos que arrastramos de la vieja economía

MITO: **Sólo debe reaccionar ante los cambios que puede ver.**

REALIDAD: Si fuera un adivino, usted podría ser capaz de "ver" los problemas antes de que surgieran e identificar los efectos con anticipación. Cualquier cultura organizacional que se adapta a los vaivenes del cambio está psicológicamente preparada, independientemente de lo que el futuro depare.

MITO: **Si no está roto, no lo arregle.**

REALIDAD: El mundo tal vez funcionó así durante la Revolución Industrial pero en la era de la Economía del Conocimiento no podemos esperar a que las cosas se rompan si no queremos que sea demasiado tarde.

Tal vez usted es de los que abona la mentalidad de aquí-no-tenemos-problemas. Quizá está experimentando un descontento subterráneo y que no manifiesta abiertamente. O, incluso, puede que esté afrontando una situación de competencia que no esperaba. Aunque se sienta solo en medio del océano, y haya estado a punto de ahogarse tres veces, piense que de repente puede tener ese momento de claridad clave.

MITO: **Efectuar muchos cambios es bueno porque se obliga a que uno de ellos salga bien.**

REALIDAD: Esto es como la estrategia del preparados-disparen-apunten. No nos cansaremos de recordarle que usted no sólo no aumentará sus posibilidades de conseguirlo, sino que las partes interesadas le etiquetarán rápidamente como una persona que no sabe lo que está haciendo o, peor aún, que no es transparente. Podría ser letal para usted ya que los implicados dejarían de creer en sus próximas iniciativas de cambio.

MITO: **Es posible planificar y ejecutar proyectos de cambio sin tener que hacer ninguna modificación.**

REALIDAD: Esto es fruto de la típica mentalidad de tener que borrar cosas de nuestra lista de pendientes para creer que avanzamos. Si hay pruebas de que la planificación o ejecución es ineficaz, hay que ser transparentes y hacer los cambios oportunos lo más rápido posible. Asumir errores y pedir disculpas, si se trata de una respuesta genuina de la dirección como muestra de querer ser más eficaces, afectará directamente al núcleo de los más reacios y

19

facilitará que estén dispuestos a dar una nueva oportunidad a la ejecución de su proyecto.

MITO: **El ritmo del cambio ocurre como si se tratara de un solo acontecimiento.**

REALIDAD: Nada podría estar más lejos de la verdad. A menos que estén en situación de emergencia, que es lo que ocurre con, por ejemplo, una contingencia meteorológica traumática en la que se apaga todo, el cambio ocurre como un ciclo de innovación constante que crece y evoluciona.

Formas en las que las personas exteriorizan resistencia

Hemos identificado cinco fuentes distintas que causan resistencia cuando se trata de modificar nuestras formas de pensar, todas originadas en la parte "emocional" de nuestro cerebro. Cuando ofrecemos nuestra teoría de la resistencia a los clientes, casi siempre provoca algunas reacciones sorprendentes, seguidas de interesantes discusiones fruto ya de la reflexión y, a veces, también, algo de rechazo.

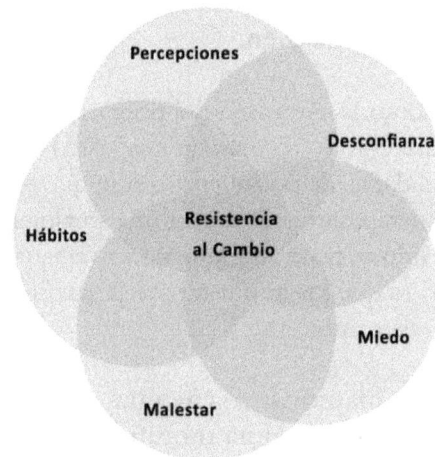

Figura 3 - Principales Razones de Resistencia al Cambio

Nos gusta escuchar detenidamente a nuestros clientes, entendiendo su resistencia al tiempo que ofrecemos estrategias para superar anteriores posicionamientos inefectivos. Si usted mantiene esta misma actitud de respeto hacia las personas implicadas en su proceso, es probable que adopten una actitud más positiva frente a los cambios que les proponga.

Esta es la lista de nuestras principales razones:

- **El miedo es un *des*-motivador para el cambio**
  El factor miedo puede llegar a paralizarnos y hasta puede provocar en nosotros reacciones físicas. No es de extrañar ya que el miedo reside en la zona emocional-límbica de nuestro cerebro. ¿No se ha preguntado nunca por qué personas en situación de estrés se tocan reiteradamente la parte posterior de su cabeza y cuello?
  El miedo puede ser llamado de muchas maneras, incluyendo "lo desconocido", "el fracaso", "salir de la zona de confort", o "vergüenza".

- **Confianza y desconfianza son dos caras de la misma moneda**
  Una honda emoción muy instintiva es cuando nuestro íntimo radar nos pone en alerta sobre si podemos o no confiar de un determinado contexto. Es una forma muy saludable de salvaguardarnos ante escenarios que no hemos experimentado antes.

  Mientras que el miedo se basa en reacciones automáticas que poco o nada tienen que ver con la realidad actual, el radar de nuestra confianza-no-confianza se basa muchas veces en situaciones que han ocurrido en nuestra vida laboral. La parte protectora de nuestro cerebro nos da la señal de cerrar o adoptar una actitud de esperar y ver qué pasa. A menos que hayamos tenido mucha suerte, todos hemos experimentado problemas de confianza en nuestra vida profesional, por lo que resulta fácil entender la resistencia que usted y su equipo puedan encontrarse al comenzar la fase de ejecución en la que todas las partes implicadas juegan un enorme papel.

- **Incomodidad ante ideas desconocidas**
  La humanidad se ha adaptado y prosperado gracias a innatas pautas que desarrollan sus habilidades de supervivencia. Hay que permanentemente adaptarse para reemplazar viejos conocimientos por otros más actualizados. Los psicólogos se refieren a esta incomodidad como "disonancia cognitiva", una condición que nos sitúa a medio camino, en un puente, entre nuestras zonas de confort y la necesidad que apreciamos al otro lado para operar de una manera más efectiva en un mundo marcado por cambios drásticos.

- **Las percepciones nos frenan pero también nos permiten avanzar**
  La percepción selectiva, programada en la región inconsciente de nuestro cerebro, se convierte en un filtro personal y se convierte en nuestra forma

de ver el mundo. Sin embargo, si es consciente de ello, puede utilizar su propio menú de percepciones existentes como interpretaciones que le ayuden a seleccionar el modo de percibir y actuar sobre estímulos nuevos o modificados.

- **Los hábitos tanto nos protegen como se convierten en una trampa**
  Usted es un fardo andante de hábitos, demasiados como para enumerar. Una vez más se encuentra ante un arma de doble filo. Unos le permiten ser eficiente y le ayudan a destilar lo que se debe hacer en lugar de hacer todo lo que se puede hacer.

  Pero también tiene profundamente arraigadas otras costumbres de las que le gustaría deshacerse. Tanto si se trata de algo tan simple como repicar con sus dedos sobre la mesa cuando está pensando, como si grita cuando está enojado, son hábitos tan interiorizados que requieren un esfuerzo consciente para cambiar, o por lo menos, si quiere manejarlos eficazmente. En el caso de que esto no le haga pensar, pruebe, por ejemplo, por la mañana, algo tan sencillo como cepillarse los dientes con la otra mano.

Nuestro objetivo aquí, y a lo largo de todo el libro, no es grabar sobre piedra una serie de recomendaciones. Usted tendrá su propia lista de temas, y es importante que los enumere, los tome en consideración, y a continuación tome una decisión fundada acerca de cómo tratarlos tanto ahora, en el presente, como en el futuro.

Una cosa es indiscutible. Las opiniones y conjunto de creencias arraigadas en el sector emocional de nuestro cerebro son resultado del miedo y los problemas de confianza que hayamos experimentado. Prácticamente cubren todo nuestro espacio de resistencia. Conocer los orígenes de la oposición que presentan algunas personas nos ayuda a ordenar, primero, nuestros propios asuntos y, a continuación, facilita que otros empaticen, reconociéndose en ellos y aprendiendo a confiar.

Los cambios de paradigma son esenciales para aceptar el cambio

Piense en un cambio de paradigma como cuando modificamos nuestra forma de pensar por otra. Se trata tanto de un giro como de una transformación. Esto no sucede en una organización de forma espontánea, sino que se impulsa por los que se ven a sí mismos como facilitadores del cambio.

Recuerde que cada mañana, cuando se mira al espejo, ve a alguien que posee la capacidad de liderazgo y que desea mejorar constantemente. Esto es lo contrario al mito de que el cambio se produce de forma instantánea en una organización. Los cambios de paradigma en la forma que usted y su equipo tienen de pensar también deben ser constantes.

Lo que le pedimos en este punto es que se comprometa a planificar, ejecutar y evaluar sin perder de vista que el objetivo es lograr incorporar a su proyecto, legítimamente, a todas las partes interesadas. Si no se da cuenta de lo importante que es esto, su iniciativa de cambio está condenada al fracaso sin ellos. A partir de este momento, su discernimiento evolucionará de formas muy diversas.

Este libro no pretende, al contrario, ser teórico, pero llegados a este punto creemos que un corto resumen puede profundizar su comprensión del término "cambios de paradigma".

En 1962, Thomas Kuhn, físico y filósofo, escribió *la estructura de la Revolución Científica* en la que engendró, definido y popularizó el concepto de "cambio de paradigma". En su libro, Kuhn argumenta que el progreso científico no es evolutivo, sino que es una "serie de interludios pacíficos interrumpidos por revoluciones intelectuales violentas", y en esas revoluciones, "la visión de un mundo conceptual es sustituida por otro." Es interesante observar que Kuhn estaba muy por delante de su tiempo. Kuhn señala que "la conciencia es un prerrequisito para todos los cambios aceptables en teoría".

Todos tenemos la capacidad de cambiar

La diferencia es lo que hacemos con esa capacidad. Comienza en la mente de cada individuo. Lo que percibimos, ya sea de forma consciente o inconsciente, está sujeto a las limitaciones y distorsiones producidas por nuestra heredada y socialmente condicionada naturaleza. Esto no nos limita ya que los seres humanos somos claramente capaces de cambiar. Sin embargo, ahora estamos ante inconmensurables e insondables cambios y pensamos que debemos ignorar nuestras conexiones emocionales para que podamos afrontar los asuntos complicados que tenemos sobre la mesa. Pero no es así.

Ante todo tenemos que reconocer la influencia de la parte emocional de nuestro cerebro como si se tratara de nuestro protector cuando tenemos sensación de peligro. Esto nos permite acostumbrar a separar nuevas realidades de los ineficaces y obsoletos sistemas previos. Es el momento de predicar con el ejemplo practicando verdadero liderazgo.

Es imposible ser un auténtico líder sin el convencimiento de que compartimos la naturaleza básica de nuestra condición humana con aquellos que nos ven como líderes. Lo que sucede es que todos estamos buscando maneras por nuestra cuenta para hacer ese salto paradigmático. Con un poco de suerte, tendrá colegas o amigos que estén dispuestos a dialogar sobre cambio desde una perspectiva estratégica sostenible. Si no es así, empezar a buscar un grupito de gente de estas características debería convertirse en una de sus prioridades.

Ahora que ya hemos sentado las bases, es el momento de que asuma su papel de liderazgo en la gestión de lo incontrolable. Nuestra consultoría es una de las primeras que adaptó este paradigma del cambio. Nuestra experiencia y las lecciones que hemos aprendido tienen alcance global con clientes y relaciones clave en Asia, África, Oriente Medio y Las Américas.

En 2004, la consultoría convocó a un variado grupo de oradores para un seminario en Singapur. Su título: "El Borde Adaptable: Promoviendo la Transformación Organizacional y la Innovación". El acto reafirmó la posición de nuestra firma como agentes de cambio. Nuestros directivos hablaron desde una perspectiva mundial, partiendo de métodos para instruir el cambio, y compartiendo con nuestra audiencia lecciones extraídas de casos en los que el ritmo y la velocidad del cambio habían sido fundamentales.

Casos de estudio obtenidos de trabajos en el sector de la banca privada y agencias gubernamentales ofrecieron pruebas que demostraban cómo habían sido posibles cambios de paradigma a finales del siglo XX. "Aceptando el Cambio: El viaje de ICA", fue uno de los trabajos que presentamos y reveló, como enseguida explicaremos, algo muy importante para nosotros: el intenso trabajo que hay detrás de cada una de las historias que culminan con éxito.

El ejemplo presentado por la Autoridad de Inmigración y Puestos de Control - la agencia del gobierno de Singapur encargada del control de las fronteras y a la que se conoce por la siglas ICA- reveló cómo varias agencias involucradas en el control de la seguridad fronteriza de Singapur lograron fusionarse con éxito por un objetivo y conseguir mayor eficacia. Lo que inicialmente tenía una dinámica potencial de miedo y desconfianza, tras un cuidado diseño y un plan hábilmente orquestado, pudo ponerse exitosamente en práctica.

El Director de Planificación y Tecnología de la Agencia describió la complejidad de este proceso de fusión, haciendo notar que los cambios de paradigma nunca han sido fáciles. Gracias a que las personas que lideraron el proyecto fueron capaces de atraer a otros para que compartieran su visión, se actualizó lo que ya era un robusto modelo mental para que los implicados pudieran aceptar la nueva propuesta dándole su confianza y apoyo. El orador terminó su exposición señalando que "quizás es demasiado pronto para sacar conclusiones, pero creo que se están empezando a sentir como una familia". Actualmente en Singapur ICA ha resistido la prueba del tiempo y es una tangible demostración de la necesidad de incorporar ese esquivo, pero esencial, cambio de paradigma.

Los mosquitos como modelo de adaptación

Los mosquitos - sorprendentemente - pueden enseñarnos algo interesante. Un día Nancy elevó el volumen de la radio de su coche cuando le llamó la atención una curiosa historia.

Imagine cómo sería de dura la vida si cada gota de lluvia pesara tres toneladas, considerando que caen del cielo a una velocidad vertiginosa. Así es como las gotas de lluvia son percibidas por un mosquito, ya que cada una de esas gotas representa un peso cincuenta veces superior al que un mosquito puede soportar. A pesar de ello, el pequeño insecto sobrevive intacto al impacto de esas gotas.

¿Cómo es esto posible? El investigador David Hu, profesor asistente de ingeniería mecánica en el Instituto de Tecnología de Georgia, en los Estados Unidos, describe así su investigación en este campo:

"Póngase en la posición de un mosquito, o cálcese botas de lluvia, y salga en un momento de lluvia torrencial. Gotas gigantescas caen en picado sobre usted durante el aguacero. Se podría pensar que un mosquito no tiene ninguna posibilidad de sobrevivir. Es algo parecido a cuando conducimos y los insectos salpican las ventanas de nuestro coche."

Sin embargo, los mosquitos sobreviven perfectamente a la lluvia. El equipo de Hu se preparó para realizar un experimento sacando el máximo provecho de sus conocimientos como ingenieros mecánicos y biólogos. "Golpear un mosquito con una gota es difícil de experimentar", reconoce Hu. "Lo primero que hicimos fue soltar pequeñas gotas de agua desde el tercer piso de nuestro edificio sobre un contenedor de mosquitos. Pueden imaginar que no acabó muy bien".

Sin desanimarse, el equipo trasladó la experiencia a un interior. Dispararon chorros de agua sobre los mosquitos y registraron los resultados con una cámara de video de alta velocidad. Encontraron que los mosquitos no esquivaban las gotas sino que se adherían a ellas. Ha leído correctamente. Según Hu, "como la gota cae, en lugar de resistirse a la gota, básicamente se enganchan a ella como una especie de polizón". Para ellos es como si les golpeara una pluma. El mosquito y la gota se desplazan juntos por una milésima de segundo hasta que sus alas pueden capturar el viento como cometas, y así el mosquito puede separarse de la gota. Después del experimento los mosquitos estaban como si nada hubiera ocurrido".

¿Qué conclusión sacamos de esta experiencia?

"Aparentemente, el verdadero peligro para los mosquitos es cuando están volando muy cerca de la tierra. Si no se desenganchan de la gota a tiempo, se encuentran entre la espada y la pared". Si esto sucediera con una persona, nos recuerda Hu, quedaría totalmente aplastada en caso de que se encontrara de pie en el suelo cuando un piano -pongamos de ejemplo- se desplomase encima.

La obvia conclusión de esta lógica es la siguiente: si preferimos avanzar en el cambio en lugar de ser aplastados por él, tenemos que prestar atención a las estrategias aprendidas por el pequeño mosquito.

¿A dónde vamos desde aquí?

Esperamos que a estas alturas ya sea consciente de que las personas se encuentran en el corazón del éxito de cualquier iniciativa de cambio. Si aún no puede sentirse cómodo acerca de lo que se necesita para ser un líder de éxito, le recomendamos que aplaque su escepticismo mientras le presentamos estrategias específicas para que pueda encontrar la forma de presentar nuevas aptitudes de liderazgo para dirigir desde el frente.

Como ya habrá visto, asumir la responsabilidad de nuestra intención de prosperar en lugar de estar atrapado en la vieja mentalidad es una decisión personal. Las nuevas prácticas aprendidas entran en juego a medida que dirige su equipo mediante estrategias de motivación que permitan que su organización se incorpore en vez de que sea vapuleada por fulminantes cambios.

En este punto del trayecto es cuando abordamos la construcción de ideas sobre los principios fundamentales que representan un cambio sostenible. Para ello, reflexionaremos sobre lo que se interpone en el camino del cambio y, a continuación, nos implicaremos con aquellos paradigmas personales que todos tenemos que adoptar para poder llevarlo a cabo.

CAPÍTULO TRES
Alentar el Cambio

Ahora comienza la parte de comprensión de los principios fundamentales y el marco de referencia para facilitar el cambio. Para ello tenemos que identificar e involucrar al resto de interesados. La mejor forma de conseguirlo es construyendo una amplia coalición de apoyo que servirá para empoderar este proceso.

Le invitamos a permanecer predispuesto a nuestra propuesta. La reflexión y el debate antes de que usted y su equipo se lancen a la acción son absolutamente esenciales para el éxito. De lo contrario, podría llegar a aceptar intelectualmente la necesidad de centrarse más en las personas, como estamos sugiriendo, pero al final sólo acabaría por volver a actuar de la misma manera.

Estudie el panorama antes de emprender el viaje

¿No es curioso que siempre planificamos unas vacaciones teniendo en cuenta las necesidades y deseos de lo que esperamos cumplir al llegar al destino, para finalmente seleccionar y decidir qué queremos hacer allí, con quién nos queremos encontrar, o incluso los restaurantes a los que nos gustaría ir?

En la introducción le decíamos que un proceso de cambio es como un viaje. Y aun así, a veces salimos corriendo para conquistar ese futuro incierto con las orejeras y la visera puestas. Resultado. A final, no acabamos de ver nada, salvo un pequeño trozo de un amplio paisaje. Como Kim Leng sucintamente expresa, "este primer paso es crítico por lo que debe encuadrase de tal forma que pese menos la parte de planificación y más la de tener a punto todos los ingredientes fundamentales que harán posible que el plan en sí pueda ocurrir".

Hay que estar prevenido. Esta nueva manera de comenzar un proyecto será incómoda en el mejor de los casos. La incubación no es fácil para directivos entrenados de forma clásica. A menos que las tareas y reuniones se vayan tachando de la lista de pendientes a medida que se realizan, y que los informes se presenten a tiempo, interiormente tendemos a creer que no estamos progresando.

Más adelante, le proporcionaremos estrategias para mejorar la forma de pensar y hacer que usted y su equipo asimile profundamente la idea de que los proyectos tienen éxito cuando el correcto grupo de personas se identifica y se suma al mismo. En cambio, fracasa, cuando este elemento clave es ignorado. Mantener a la gente en el centro de sus iniciativas de cambio es el único camino para aumentar sus probabilidades de éxito.

Se va a encontrar con frecuencia palabras claves como "inversionistas, partes interesadas, actores sociales, implicados...". En el marco de este libro y en la mente de nuestro equipo centrado fundamentalmente en las personas esos términos se refieren a todos los interesados, internos y externos, que están afectados de alguna manera por el cambio propuesto. Algunas de estas partes interesadas podrían convertirse en un elemento clave para que pudieran influir en la planificación y ejecución de su iniciativa. Por ejemplo, en el caso de que el gobierno requiera un sistema escolar con el fin de cambiar sus requisitos para la graduación, los directores de las escuelas se verán directamente afectados de múltiples maneras y son unos de los principales interesados en esta iniciativa de cambio. También pueden ser muy útiles como parte del equipo básico, proporcionando valiosa información privilegiada.

En este contexto, nuestra Red de Apoyo al Cambio entra en juego. Un concepto que presentaremos en detalle en el siguiente capítulo y que será un elemento esencial en el proceso de navegación para un cambio continuado.

No se preocupe, vamos a llegar a los elementos más sistemáticos de gestión eficiente de un proyecto, pero primero vamos a focalizarnos en la importancia de centrarse en las personas. Sabemos muy bien lo que es necesario para que las organizaciones y las iniciativas que se llevan a cabo culminen con un resultado positivo. El fondo de la cuestión es este: las partes interesadas son esenciales para el éxito. Todos las necesitamos. Y necesitamos acceso a cuantas más mejor para tener mayor amplitud de miras a la hora de conducir, entrenar, persuadir, y alentar a esas personas afectadas por el cambio para que nos ofrezcan lo mejor de ellos.

Una factible y gradual perspectiva de planificación

El concepto de Planificación goza de mala reputación, en parte porque en el mundo basado en métodos tradicionales, una vez que el documento de proyección se ha presentado, no hay vuelta atrás. No se revisa buscando si hay alguna dirección diferente y mejor que no haya sido contemplada. Nuestra forma de pensar es completamente opuesta. Creemos que el camino a las iniciativas de cambio es el resultado de una adaptación que requiere de una extensa mirada mientras que paralelamente se profundiza en aspectos más específicos.

Acuérdese de los planes que van acumulando polvo después de que usted, su equipo, y su organización, todos, han puesto tanto empeño en ellos. Como dicen, "todos hemos pasado por ello".

También podríamos hablar de esos proyectos de cambio que estaban condenados al fracaso antes de que el director gerente hiciera el anuncio hablando de "una iniciativa que cambiará la forma en que nuestra organización hace negocios".

Nosotros creemos que las iniciativas de cambio han de anticiparse al futuro de forma proactiva con el fin de gestionar bien lo inesperado. Se trata de seleccionar proyectos muy necesarios e identificados por la mayoría de las partes interesadas como posibles y asumibles. También es, en esencia, sobre las personas, y por si alguien aún no se ha dado cuenta, las personas somos impredecibles.

Art Markman, un profesor de la Universidad de Texas cuya investigación explora las formas de pensar, nos recuerda la importancia de comprender que genéticamente estamos programados para ser imprevisibles. Si somos conscientes de esto, tanto en relación a otras personas como con nosotros mismos, seremos mejores comunicadores. También es clave para entender nuestro papel en las iniciativas de cambio. Markman cree que nuestro mundo es un constante equilibrio entre la explotación de las decisiones que hemos tomado en el pasado y nos han beneficiado, con el hecho de explorar nuevas opciones. Si solo capitalizamos, corremos el riesgo de no darnos cuenta que la opción que estamos eligiendo es peor de la que teníamos, o que otras posibilidades descartadas se han convertido en mejores que las exploradas inicialmente debido a una serie de cambios en nuestro entorno que no habíamos percibido.

Momento de pulsar el botón de reinicio

Twyla Tharp, la prestigiosa coreógrafa, dijo una vez: "Antes de que puedas pensar diferente al resto, tienes que empezar haciéndolo como los demás".

¿Qué es lo primero que piensa cuando se le pide que encabece un nuevo proyecto? ¿Se centrará en los procedimientos de cómo programar reuniones, encontrar un lugar para las sesiones de trabajo, y las agendas? Le garantizamos que si se estanca en este tipo de respuesta lineal ante el desafío de reaccionar proactivamente a los acontecimientos que le abordan, su proyecto está condenado de antemano al fracaso.

Empezaremos por la estructura de ese molde que enmarca su pensamiento, pero piense que será un molde diferente de los que ha creado en el pasado. Imagine uno en forma de hexágono. Tiene un aspecto sólido, y se puede girar en diferentes direcciones, cada una nos ofrece una perspectiva distinta sobre el desafío ante el que nos encontramos. Si damos con un punto de vista que nos interesa, nos pararemos para poder explorar las nuevas ideas que nos ofrece ver las cosas desde ese ángulo.

Ahora que vemos nuestra empresa desde un ángulo diferente, lo que haremos será concentrarnos y mirar desde ese punto "el paisaje interior". Será como verse desde fuera. Si no ha leído ya *¿Quién se ha llevado mi queso?* de Spencer Johnson, le recomendamos que lo haga tan pronto como le sea posible. Si ya lo ha hecho, reléalo y, seriamente, ¿por qué no considera comprar copias para su equipo? En el libro, el personaje Haw se da cuenta de que "es natural que los cambios ocurran continuamente, independientemente de si los estamos esperando o no. El cambio sólo puede sorprendernos si no lo esperamos o no lo buscábamos". Este reencuadre-reorientación comienza por ampliar su opinión y permitiéndose adoptar múltiples perspectivas, no sólo tomando decisiones rutinariamente desde su "telescopio" personal.

Nuestro compromiso es ofrecerle útiles y prácticas herramientas y estrategias para que le guíen a través de este camino, de modo que participe y responda de forma proactiva "gestionando lo incontrolable". Sólo nos podemos sorprender si no anticipamos el cambio y si no tenemos un marco de referencia para poder manejarlo.

El pensamiento adaptativo como instrumento para reencuadrar

Hay una diferencia entre pensamiento adaptativo y el término "innovación" como se usa generalmente. Nancy describe una entrevista con Steven Johnson que le impactó. Él es el autor del libro *¿De dónde vienen las buenas ideas?* Nancy estaba intrigada por lo que Johnson denomina "el posible adyacente", un término que utilizó para indicar las situaciones en las cuales las ideas trabajan porque están conectados a otra cosa.

Ella estaba asombrada por lo acertadamente que este concepto describe el marco de las relaciones que se mantienen con un cliente. Profundizaremos en esto más adelante pero le sugerimos que mentalmente registre esta teoría de "el posible adyacente" y la utilice para reconocer y considerar áreas de su organización donde este concepto puede vincular pensamiento adaptativo con experiencia. Esto capacitará a sus proyectos para abordar movimientos específicos que se produzcan en su organización.

En el Capítulo 2, le hablamos de esa espada de doble filo, sobre el por qué logró su posición y cómo ahora ha creado desafíos a nuevos retos para su futuro profesional. Alguien ha tocado su queso y usted, efectivamente, puede recurrir a sus conocimientos tradicionales, relacionados con la necesidad de replantear el escenario, para darse cuenta de que ya no es cuestión de encontrar otra ubicación para su trozo de queso. De lo que se trata ahora es de construir nuevas destrezas para identificar lo que aún no puede actualizar dando esos primeros pasos por el camino del "pensamiento adaptable". En este punto, como en todos los capítulos posteriores, le vamos a proporcionar recomendaciones específicas que pueda utilizar como herramientas para encaminar su "reflexión" y su "acción".

Sin embargo, hay un pilar fundamental no negociable para su éxito como equipo: a menos que usted pueda conseguir la mayoría, o por lo menos conseguir un punto de inflexión favorable hacia su posición por parte de la administración, el personal, así como de las partes interesadas externas, puede dar la partida por acabada. Tiene razón, este rotundo párrafo estaba destinado a captar su atención, pero el mensaje que le queremos transmitir permanece. Reformule su significado de cambio y verá cómo su forma de liderar va a cambiar drásticamente, para bien de usted.

Nuestro Marco de Ruta Adaptada

Nuestro marco para entender el cambio, como se muestra en Figura 4, es fruto de muchos años de trabajo partiendo del concepto realista y sostenible que necesitaban nuestros clientes para conseguir el apoyo de sus partes implicadas en el proceso. Se basa en los siguientes principios:

- Aceptar el cambio es un proceso adaptativo, no un acontecimiento aislado.
- Los líderes de equipo son también responsables del desenlace.
- Las personas deben ser el centro de atención si el cambio ha de ser

facilitado.

- Cómo se perciba el cambio influirá enormemente en su resultado.
- Sentir, a todos los niveles, el cambio como algo propio es clave para conseguir que sea sostenible y duradero.
- Asumir pasar a la acción tiene que partir a nivel individual.

Alentar y Dirigir el Cambio

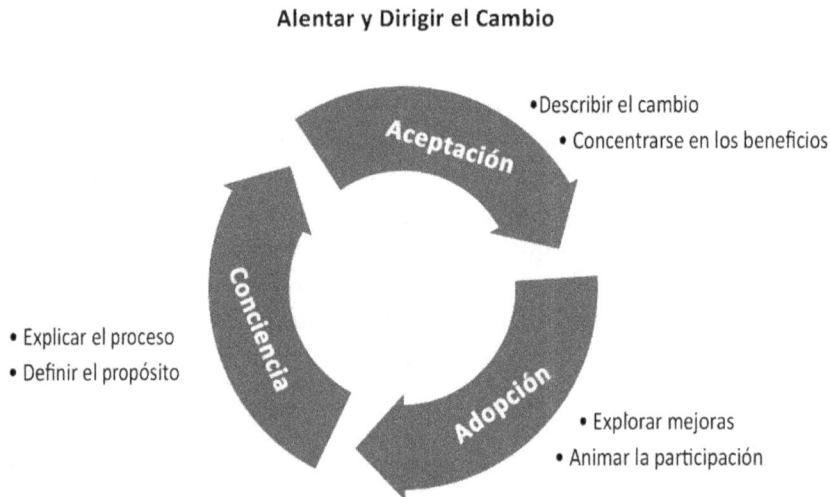

- Describir el cambio
- Concentrarse en los beneficios
- Explicar el proceso
- Definir el propósito
- Explorar mejoras
- Animar la participación

Aceptación

Conciencia

Adopción

Figura 4 - Fases en el Marco de la Ruta Adaptada

Este proceso que detallamos para nuestro marco de trabajo no se esbozó en una libretita de notas en una reunión de empresa. Así es cómo Kim Leng lo describe:

> Esto fue fruto de un proceso de reflexión a lo largo del tiempo a medida que cumplíamos nuestros compromisos con clientes. Observamos la frustración que generaba en ellos cuando intentaban ser innovadores mientras se enfrentaban a una situación inesperada, y al mismo tiempo, seguían operando con viejos modelos del siglo pasado. Esto provocaba escisiones que a veces eran insalvables. Así fue como vimos que hacía falta una ruta que guiara la migración de la economía de recursos a la economía del conocimiento.

Cada una de las tres etapas de nuestro marco debe ser planificada y ejecutada conscientemente y con rigor. Es por eso que dedicaremos tiempo a describir y ofrecer herramientas para cada uno de los elementos necesarios en cada fase.

Ser consciente de la situación se basa en un enfoque lógico que maneja de forma reflexiva nuestro cerebro. Las personas necesitamos entender de qué va la iniciativa y por qué es tan importante. Las partes interesadas también deben asumir que el futuro se basa en este cambio. Si se resisten, su posición debe ser tratada con delicadeza. Como verá en breve, eso no significa que se les vaya a apartar del proceso como si se tratara de una influencia negativa. Significa que ganarse sus corazones y sus mentes empieza por respetarles.

Su equipo puede aprovechar todas esas valiosas reacciones a la campaña que haga para crear Concientización e integrar la información que obtenga en la fase de Aceptación, que, no se olvide, debe emanar del corazón y de la parte emocional del cerebro. Para todos los grupos de interés, esto supone implicarse emocionalmente. Esto afecta especialmente a los empleados que están comprensiblemente enfocados en sus propias necesidades ya que ellos no tienen poder de hacer cambios en la organización. Ellos necesitan saber cómo les afectará y en qué les beneficiará.

> Este es un ejemplo clásico de la diferencia entre Concientización y Aceptación. Pregunte a su gente si saben que el ejercicio es esencial para una buena salud, y verá todas las manos levantadas. Eso es ser consciente y la parte lógica del cerebro lo reconoce como cierto. Ahora pregunte cuántos hacen ejercicio de forma regular, y aquí sólo un pequeño porcentaje de manos se alzarán. Este es el punto en el que el corazón y la parte emocional del cerebro conectan. También es el momento cuando una iniciativa o bien pierde terreno o gana suficiente impulso como para llegar a ese punto de inflexión determinante.

Sólo entonces, tras producirse la Aceptación, su equipo estará listo para pasar a la Adopción, que es cuando su participación es fundamental para pasar a la acción. Sin un compromiso y seguimiento a través de la Aceptación y Adopción, el cambio no es sostenible.

Reflexiones en torno a una situación muy habitual

Analicemos el siguiente escenario: los altos directivos de una empresa deciden cambiar su ubicación para poder disponer de mayores instalaciones y estar más cerca de sus principales clientes. Hasta aquí todo normal ya que estas son decisiones proactivas para garantizar resultados sostenibles. Sin embargo, después, a menudo, el contexto se mueve por otros derroteros. Los directivos no piensan que los más afectados por su decisión van a ser sus trabajadores. Tampoco tienen en cuenta que las pautas de la vida de sus empleados, con frecuencia, giran en torno a la proximidad de su casa al trabajo y las complicaciones en el transporte si esas pautas cambian. El Director General da a conocer la noticia a través de un video publicado en la web de la empresa, y se pide a los cargos intermedios que vayan diseminando la noticia entre sus empleados. Los rumores empiezan a correr. La productividad se desploma de forma inmediata. El personal está enfadado y estresado. Los directivos desde su perspectiva telescópica probablemente no tienen ni idea de que tienen una crisis a punto de explotar en sus manos.

En este tipo de situaciones, las fases de toma de conciencia y aceptación son cruciales pero a menudo olvidadas totalmente o se ejecutan muy deficientemente. Igualmente letal para el éxito de cualquier iniciativa de cambio es confundir el propósito de toma de conciencia y aceptación. Hemos comprobado que es absolutamente esencial considerar y ejecutar cada etapa como componentes separados. De lo contrario, no es de extrañar que el ciclo de Aceptación y el ejercicio necesario para que ésta se produzca, acabe con frecuencia sin dar los frutos esperados.

Precisamente, para evitar esto, desarrollamos una estrategia eficaz para instruir al personal en este proceso aprovechando el encargo de un ministerio del Gobierno de Singapur que necesitaba obtener apoyos para la aceptación de un nuevo sistema de intranet para sus empleados. En lugar de utilizar un sistema tradicional para atraer la atención de los empleados lo que hicimos fue trabajar con un equipo interno del ministerio en la creación de un enfoque innovador que incorporaba los mejores aspectos del aprendizaje empírico. Esto es lo que hicimos.

El ministerio anunció que se celebraría un concurso y a tal efecto se confeccionaron cinco carteles. Cada cartel fue colocado en una de las cinco diferentes secciones de la sede central del ministerio. Los carteles fueron diseñados de tal forma que los trabajadores tenían que encontrar los cinco, descifrar un elemento oculto en el mensaje de cada uno de ellos, y confeccionar la idea final.

El concurso fue un reto y una experiencia muy divertida. Los empleados pudieron elegir entre trabajar en equipo o individualmente. La prueba acabó siendo un excelente ejemplo de cómo inyectar una nueva idea, una marca, para crear conciencia. El lema de la nueva intranet era "Conocimiento Compartido es Conocimiento Adquirido", una relevante y altamente eficaz puesta en marcha para la toma de conciencia de lo que nos espera si seguimos la Ruta Adaptada.

Mirando el mismo paisaje pero viéndolo diferente

Cada alto directivo es consciente, a veces dolorosamente, de que la comunicación y la confianza entre ejecutivos de nivel medio y alto, y ejecutivos de grado medio y el resto del personal deja mucho que desear.

La figura 5 ilustra las diferencias en la forma en que usted ve el cambio y cómo otras personas de su organización pueden interpretar ese mismo cambio.

Lideres Organizativos	Mandos Intermedios	Personal
Mirada Telescópica	Mirada Macroscópica	Mirada Microscópica
Ver el Futuro	Ver la situación	Ver los detalles

Figura 5 - Perspectivas Organizacionales

Le recomendamos comenzar a pensar tanto metafórica como prácticamente sobre las diferencias que se aprecian desde niveles superiores de la administración, la gerencia, y el personal, para que pueda ver esos desajustes como puntos fuertes en lugar de debilidades.

Reconocer que el objetivo del Equipo de Facilitación del Cambio es reunir conocimiento da sentido al aprendizaje y facilita el cambio basado en un ciclo completo que va de la Concientización, la Aceptación, a la Aprobación.

Alta Dirección

Los altos responsables de una organización tienen, en general, una visión del mundo como si observaran a través de un telescopio. Esto significa que ven su gestión estratégicamente. Ellos reflexionan sobre cuestiones de este tipo: *¿Cómo afecta esto a la organización? ¿Cómo afecta esto a mi capacidad para triunfar como un buen líder mirando al futuro y guiando a otros hacia ese futuro?*

Mandos Intermedios

La mirada macroscópica ofrece mayor flexibilidad a la hora de comunicarse. No se preocupe si el término "macroscópico" es nuevo para usted, pero si por casualidad estudió física, entenderá a qué nos referimos.

Nosotros lo empleamos para explicar que esta forma de percibir es lo suficientemente amplia como para ver a simple vista, y se centra en analizar de forma comprensiva grandes unidades. Esto es así porque los mandos intermedios necesitan operar tanto hacia arriba como hacia abajo de la cadena de mando.

Entre los mandos intermedios están los supervisores que actúan como una cadena de transmisión ya que tienen la importante tarea de trasladar lo que está sucediendo entre los trabajadores y la alta dirección. Los directivos de nivel medio se preocupan de la eficacia y el control. *"¿Cómo afectará esto al rendimiento de mi equipo y mi capacidad para supervisar?"*, es lo primero que se preguntan ante una situación de cambio. Los directivos de nivel medio no tienen la visión a largo plazo del alto ejecutivo pero sí que deben ser capaces de entenderla. En todos los aspectos, sus trabajos pueden ser más complicados y requieren dominar diversos aspectos de alta gerencia y el trato con los empleados. Ellos aportan una inestimable perspectiva para el proceso de planificación y ejecución.

Miembros de plantilla

Una mirada microscópica contempla necesidades y limitaciones. No es de extrañar pues que el personal se encuentre directamente afectado cuando el cambio es inminente. Ellos sienten ese cambio como si el microscopio hiciera sobre ellos un zoom de ampliación, y se preguntan una sencilla pero potente pregunta, *"¿Cómo me afectará esto?"* La respuesta es emocional porque lo que les preocupa es su propia vida. Su poder de influencia respecto a cómo se ejecute el cambio dependerá de su inicial y, a veces también, resistencia a largo plazo. De usted depende conseguir el apoyo de los miembros de su plantilla. Por eso debe constantemente acordarse de que ellos son esenciales para la sostenibilidad de cualquier iniciativa de cambio que quiera llevar a cabo.

¿Recuerda lo que comentamos en el Capítulo 2 sobre la resistencia al cambio? Como gestores, la mayoría de nuestras ideas hasta ahora han sido ubicadas en el centro de nuestro lóbulo frontal. Esto explica la razón por la que nos damos un cachete en la frente cuando de repente resolvemos un problema que se nos resiste. Así que, para responder bien al cambio, los directivos han de querer enfrentarse al desafío de poder tener acceso a su sistema límbico, esa parte emocional del cerebro.

Por lo tanto, las funciones del personal desde un punto de vista microscópico están directamente localizadas en el cerebro emocional. No es de extrañar pues que perciban como un reto la necesidad de pensar aplicando lógica y reflexionando antes de actuar. No olvidemos que su relación con su trabajo por lo general termina cuando salen por la puerta para ir a su casa. En cambio, los directivos suelen tener dificultades para cerrar su "oficina cerebral" y amortiguar el estrés que se prolonga más allá de las horas de trabajo.

La importancia de atender puntos de vista diferentes a los nuestros

A medida que usted avanza en la difícil prueba de superar su propio punto de vista restringido del mundo, también será responsable de comunicarse eficazmente con esa parte de su plantilla que tiene una forma diferente a la suya de ver las cosas. Todos los desafíos de comunicación se basan en este simple pero desconcertante rompecabezas. La llave de la comunicación está en ser consciente de ello, honrando y trabajando estas diferencias para conseguir que su personal se sume, y suba a bordo. El reto para modelar de forma eficaz y transparente su liderazgo requiere que usted logre un equilibrio entre las habilidades lineales que ya posee y los nuevos conocimientos que ha de incorporar a fin de dirigir con eficacia sus propuestas de cambio.

Aquí tenemos un ejemplo de la diferencia respecto a los puntos de vista telescópicos, macroscópicos, y microscópicos. Volvamos a la historia de la que hablábamos antes referente a esa decisión estratégica, tomada por la alta dirección, de trasladar las oficinas centrales de la compañía a un área cerca de sus clientes más importantes. Los directivos de nivel medio y superior pueden fácilmente apretar el acelerador y pasar al siguiente nivel de acción. Hay mucho que hacer para asegurarnos que nuestros próximos movimientos han sido bien planificados para que sean ejecutados impecablemente. ¿Puede usted percibir cómo sus destrezas de gestión y control toman las riendas de su lógica cerebral ante la intimidadora lista de tareas que su rol requiere que ejecute?

Mientras tanto, en sus cubículos, en la planta de producción y en la cafetería de la compañía, los rumores no cesan. Todos los empleados con mirada microscópica han tenido una reacción emocional a su elaborado comunicado que ha distribuido. Ya ha comprobado que no ha sido acogido de forma entusiasta como había asumido, o al menos se esperaba. Si usted se sienta a escuchar desde su oficina, seguramente podrá percibir los ecos y la conmoción que se vive en otras partes del edificio.

¿Por qué será? Es evidente que ese movimiento físico podría provocar grandes inconvenientes en la vida diaria de su personal. Tendrán que indagar otros medios de transporte y nuevas rutinas para poder cumplir con los frenéticos turnos de mañana y tarde. Y para los que son padres que llevan muchos sombreros o los empleados que están continuamente formándose, por ejemplo, tomando cursos nocturnos, ese inconveniente puede convertirse en un tremendo dolor de cabeza.

¿Por qué nadie les pidió su opinión? Podrían incluso preguntarse si importan algo a la empresa dado que la medida que quiere tomarse aumentará sus niveles de estrés. El descontento se vuelve más generalizado a medida que el traslado se acerca y muchos otros empleados probablemente se unirán a aquellos que fueron más activos tras el anuncio inicial.

No estamos sugiriendo que la decisión de la gerencia de cambiar la ubicación estuviera equivocada, pero sí estamos aludiendo que es esencial involucrar y fomentar la participación del personal en aquellas decisiones que les afectan directamente.

Las personas son el alma del cambio

Debemos tener una clara comprensión de nuestra gente, ese escenario humano de profesionales que nos rodea, antes de plantear la transformación que vamos a emprender. La clave de su éxito es entender a todos los grupos implicados y apreciar de antemano aquello en lo que sus iniciativas pueden favorecerles o menoscabarles. Nos referimos a esa atmosfera que se respira entre sus empleados fomentada por esa forma de hacer negocios que usted ya ha demostrado dominar.

Toda esa gente implicada son grupos con los que usted necesita comunicarse y ha de mantener informados. Algunos de ellos han de formar parte de ese círculo íntimo que le ayudará en la planificación. Si no interiorizamos el importante rol que juegan los implicados, y sus funciones, no tendremos una idea precisa del escenario en el que nos movemos.

Como parte de este proceso, usted y su equipo llevarán a cabo un análisis preciso de esos grupos interesados, a medida que les ofrezcamos instrucciones, información y herramientas para esta parte del viaje hacia el cambio. Su equipo central necesita ser fuerte para que logre ese punto de inflexión dentro de la red de apoyo que van a organizar. Crear un Equipo de Facilitadores del Cambio robusto es fundamental para que tengan la solidez necesaria para impulsar sus iniciativas. Profundizaremos en este aspecto en el Capítulo 5.

Esta parte del proceso toma tiempo de preparación pero potencia esa mirada telescópica y crítica que sólo se puede alcanzar cuando se tiene cerca miembros con diferentes perspectivas que le pueden hacer llegar directamente sus puntos de vista. Tenga en cuenta que este plan tendrá un modelo mental diferente si usted está dirigiendo un equipo de su propia empresa, o si en cambio es un consultor que trabaja para un cliente.

Sería fácil asumir que si usted está a cargo de una iniciativa de cambio dentro de su propia entidad, automáticamente tendrá el pulso de cada nivel de su organización. Pero realmente es difícil disponer de todos los puntos de vista simultáneamente. Sería más sencillo si estuviera trabajando en un escenario sin humanos. Entonces podría planificar con la tranquilidad de saber que todo cuadrará y encajará de la forma que tiene previsto. Lo cierto es que está lidiando con elementos impredecibles y el caos de las personas y sus subculturas. Ante sí tiene una tarea difícil pero esté convencido que puede asumirla con éxito al tiempo que crece como profesional.

¿Qué necesita para convertirse en un líder competente?

Mientras se prepara para los dos próximos capítulos sobre planificación, aquí le anotamos algunas consideraciones a tener en cuenta para liderar bien su equipo.

- **Forme un equipo diverso.** Si todo el mundo a su alrededor es un clon que tiene su mismo estilo, sin duda alguna, se siente cómodo trabajando con ellos. De hecho, usted estará demasiado cómodo. La innovación proviene de un entorno emocionalmente seguro y positivo que honra las diferencias y favorece nuevas ideas.

- **Incorpore sangre nueva.** Este tipo de gente es el futuro de la empresa y pueden hacer contribuciones únicas. Deles la bienvenida y anime a sus directivos más veteranos a que se conviertan en mentores.

- **Identifique retos difíciles de antemano.** Trabaje con su gente estrategias que eviten, o al menos mitiguen, que su equipo se desgaste por agotamiento.

  Para ello animamos a nuestros clientes a que liberen miembros clave de su equipo de parte o todas sus actuales responsabilidades en el trabajo. Cuando los miembros clave del equipo están sobrecargados, adoptan actitudes negativas en vez de sentirse inspirados por el modelo. De esta forma, actuarán como líderes y agentes de cambio eficaces, y capaces de navegar con seguridad por una Ruta Adaptada.

- **Recuerde que el cambio es siempre un proceso, nunca un hecho concreto**. Si se trata de un acontecimiento singular, no importa lo traumático que sea, puede abordarse porque se presentan desafíos inmediatos y evidentes.

- **Es el momento de encontrar el balance**. Usted ha llegado donde está por su gran habilidad de dirigir y controlar. Estas destrezas le siguen siendo útiles, pero va a tener que perfeccionar en otros aspectos que deberá practicar para poder replantearse y reformular cómo lleva a cabo la planificación y ejecución.

- **Busque la manera de sentirse más cómodo con la ambigüedad.** Tendrá que aprender a estar más cómodo con la incertidumbre. Como Haw, uno de los personajes de ¿Quién se ha llevado mi queso?, es posible que desee sentir cierta emoción, o por lo menos esas palpitaciones que nos hacen vibrar cuando nos enfrentamos a una nueva manera de gestionar lo inesperado. Ese futuro incierto ejerce sobre nosotros un tremendo poder, no sólo por los objetivos que nos hemos marcado, sino también por el proceso en sí que tenemos que superar para lograr lo que deseamos. No se preocupe. Estas sensaciones son también valiosas en la construcción de su propia resistencia y en cómo se moldea para dar confianza a su equipo y esa amplia gama de interesados a los que tendrá que convencer.

- **Deberá saber vender el concepto.** Identifique al miembro de su equipo que tiene más afinidad natural con sus altos directivos y otros que gocen del respeto y mantengan una comunicación fluida con su plantilla. Ellos van a ser sus mensajeros de inclusión. Actuarán con la misma transparencia en ambos sentidos de la cadena de mando, tanto hacia arriba como hacia abajo, pero es fundamental que su estilo de comunicación sea sensible a las distintas formas de ver el mundo. En nuestro plan, estos mensajeros, que constituyen la Red de Apoyo al Cambio, son un elemento dinámico y esencial para el éxito.

- **Nada desgasta más la energía de un equipo que la ineficacia**
  A medida que usted y su equipo planean la estrategia para alcanzar los objetivos del proyecto, vaya considerando el "cómo". Por ejemplo, si necesita recabar la opinión de dos de sus jefes de equipo acerca de algún procedimiento esencial para usted, no hace falta que espere a que pueda realizarse una reunión cara a cara. Si recurre a las teleconferencias o llamadas de Skype, ahorrará mucho tiempo y energía para todos. Aplique métodos prácticos.

¿A dónde vamos desde aquí?

Este es un buen momento para hacer una pequeña pausa y formularnos algunas preguntas.

- ¿Es el cambio en sí mismo algo beneficioso?
- ¿Corremos el peligro de convertir el cambio organizacional en algo preferiblemente uniforme?
- ¿Qué criterio nos puede servir de guía para la reflexión y luego ayudar a actuar sobre esas cuestiones críticas que surjan?

Hasta este punto del Proceso de Ruta Adaptada, usted y su equipo han reflexionado y participado en diálogos fundamentales para identificar la necesidad de seguir una filosofía de ajuste, buscando la mejor manera de moldear su cambio. Ahora, debe localizar los focos de resistencia y los mitigará aplicando una comunicación efectiva. De esta forma ya estará preparado para moverse intuitivamente pero con firmeza hacia la siguiente fase, ya más estructurada, que le permitirá evaluar el grado de predisposición al cambio.

Puede que a usted lo contrataran para dirigir y controlar, y ahora se encuentre que tiene que lidiar con una serie de situaciones en las que descubrirá una amplia gama de reacciones humanas imprevisibles, así como grados de resistencia tanto visibles como encubiertos. Sea consciente de que este proceso también representa un reto para sus directivos.

Es sin duda un arduo trabajo pero le aseguramos que este viaje también le aportará mucha energía y gratificaciones. Con frecuencia, las personas, los grupos y, sí, incluso las organizaciones, descubren que afrontando situaciones de cambio también encuentran enormes recompensas personales y les ayuda a ser más fuertes, flexibles, y competentes.

Ahora que usted ha estudiado el escenario que le rodea, dispone de más información y ha asimilado una nueva forma de gestionar, ya está listo para evaluar su idoneidad para planificar su iniciativa de cambio.

Si usted se siente inquieto con lo que ha leído en este capítulo, le sugerimos que descanse antes de continuar. Sólo le recomendamos que mantenga su mente abierta a las ventajas de la Ruta Adaptada que le hemos propuesto porque le ayudarán a aumentar su proyección para convertirse en un excepcional líder para el cambio.

Reflexiones sobre el Significado de Cambio

El ejercicio de aceptar puntos de vista diferentes

Utilizando la metáfora del telescopio-macroscópico-microscópico dé a su equipo oportunidad de examinar a fondo los desafíos que enfrentan al tratar con puntos de vista diferentes a los propios.

Le será útil si distribuye el gráfico a cada uno de ellos o lo cuelga como un póster. Ver una imagen ayuda a pensar de una forma más dinámica y creativa antes de usar las palabras.

Pregúnteles qué reacción les provoca los gráficos y, a continuación, propóngales que completen estas ideas:

- Para un directivo senior, este proyecto representa ...
- Para un directivo de nivel medio, este proyecto representa ...
- Para los trabajadores, este proyecto representa ...

El ejercicio de completar estas ideas puede conducir a una discusión muy valiosa, incluyendo que se den cuenta que es mucho más fácil acabar la frase del nivel de trabajo que ocupa uno mismo y más difícil de conceptualizar cuando se trata de la posición de otra persona.

A continuación, oriente el debate para que perciban la importancia de una comunicación eficaz y las diferencias que deben considerarse en las respectivas funciones, a lo largo de toda la estructura organizativa, tanto hacia arriba como hacia abajo.

Recomendación: Utilizar este tipo de ejercicios a lo largo de todo el ciclo de cambio minimizará la desconexión que se puede producir con el proyecto en caso de que haya fallos de comunicación, y también evitará que ocurran.

Rol de Liderazgo

Evaluar la disposición para el cambio
Visualizar el cambio

Plan
del Cambio

Planificar el Cambio Adaptado

Lo que un líder necesita saber

¿Por qué es esencial planificar un cambio adaptado?

- Planificar un cambio adaptado requiere cierta predisposición intelectual para "replantear el significado de cambio" que aplicaremos a lo largo del proceso.

- Una profunda evaluación de las necesidades es fundamental. A continuación, "rastree" la estructura de su organización para encontrar las conexiones que harán posible la planificación adaptada.

- Sin ese propósito consciente, guiado por criterios relevantes, la planificación que se llevaría a cabo sería igual que se ha hecho siempre, dejando la aplicación tambaleante y demasiado vulnerable hasta el final.

¿Qué necesita un líder para hacer un Plan de Cambio adaptado?

- Póngase en posición de aprender, igual que su equipo. Su gente se animará al ver que usted también está dispuesto a descubrir nuevos métodos para seguir por esta ruta adaptada a sus necesidades.

- Recuerde que la mentalidad que usa ante la gestión de proyectos va más allá de las habilidades que ha aprendido como profesional. Las personas con capacidad natural de gestión han liderado acontecimientos y movilizado gente incluso antes de que fueran conscientes que estaban haciéndolo.

- Haga honor a lo que usted y su equipo dominan más porque no es cuestión de tirar todos los conocimientos previos para adoptar los nuevos. Y no olvide hacerlo con una intención consciente.

- Acostúmbrese a escuchar y ser un interlocutor activo de su Red de Apoyo al Cambio a medida que le hagan llegar sus opiniones y las dudas de los sectores más interesados.

- Mantenga una actitud estratégica a medida que vaya acumulando conocimientos para desarrollar un plan de cambio realmente centrado en las personas.

CAPÍTULO CUATRO
Evaluar la Disposición al Cambio

A medida que usted adopte la necesidad de evaluar la capacidad de cambio verá cómo modifica su forma de pensar y cómo aumenta su atracción por el liderazgo transformacional. ¿Por qué, probablemente se pregunta, tenemos que hacer una serie de actividades específicas para evaluar si estamos preparados para el cambio? En nuestra consultoría nos dimos cuenta de que no bastaba con planificar y empezamos a ponerlo en práctica hace más de dos décadas porque vimos que nos ayudaba a incrementar la viabilidad para facilitar el cambio.

Conocer el grado de disposición es fundamental para el diseño de todo el proceso de la Ruta Adaptada. Saltarse este paso es como poner el carro delante del caballo. Aunque la planificación se centra en prácticas de gestión de proyectos, este capítulo está esencialmente enfocado a las personas. También hablaremos de la importancia de liderar equipos en colaboración con la Red de Apoyo al Cambio.

En este capítulo, usted también descubrirá el poder de los "mensajeros" que le proporcionarán información privilegiada de aquellos sectores que recibirán mayor impacto con su proyecto de cambio. Aprenderá que esta toma de temperatura de cómo su plan es percibido no es una tarea que se pueda hacer de la noche a la mañana pero que tampoco es algo prolongado. Es un ejercicio preciso, conciso, objetivo, y basado en análisis de necesidades. A partir del momento en que tenga sus conclusiones y pase al plan de acción descrito en el capítulo 5, estará preparado para utilizar lo que han aprendido para crear un Plan de Aceptación del Cambio. Eso le ayudará a convertir a las partes interesadas en entusiastas valedores de su propuesta.

¿Cómo evaluar fehacientemente la predisposición al cambio?

En las consultas con nuestros clientes hemos detectado que muchas organizaciones aplican una pauta que ya llevan ejecutando desde hace mucho tiempo. Con frecuencia, vemos que omiten evaluar la predisposición o hacen un análisis superficial antes de continuar el proceso de planificación con sus habituales métodos.

Después de ponerlo en práctica durante años con clientes de todo tipo, y de ver el resultado en diferentes contextos, creemos tanto en la importancia de esta fase para hacer que su proceso de cambio marque la diferencia, que estamos incluso dispuestos a poner nuestra credibilidad en juego con una afirmación rotunda: todo su plan sufrirá las consecuencias si previamente no se evalúan seriamente las necesidades y si no contempla de antemano cómo darles respuesta meticulosamente. Para ello, le entrenaremos para que pueda identificarlas, y así liderar desde el frente. A continuación, le ofrecemos algunas reflexiones y herramientas prácticas.

Términos clave para evaluar niveles de predisposición

En próximos capítulos le daremos detalles, ejemplos, ejercicios, y experiencias de algunos clientes. En éste, nos centraremos en repasar los elementos clave que, aunque a veces obvios, han de tenerse en cuenta antes de seguir adelante.

- **Los interesados**
  Son todas las personas afectadas por el cambio. Por lo general, son grupos de personas que forman parte de un grupo mayor unido por su profesión, agrupación social, o relaciones de negocios. Dependiendo del tipo de iniciativa de cambio, un determinado sector de trabajadores puede convertirse en el mayor grupo de interesados si son los más afectados. Otra iniciativa podría tener menor impacto en los trabajadores pero, en cambio, mayor en grupos externos.

- **El Equipo de Facilitación**
  Deberán empezar considerando todas las estrategias viables. El siguiente paso es diseñar y ensayar un Plan de Aceptación del Cambio. Esto ayudará a preparar y poner en práctica el Plan de Comunicación con el objetivo de conseguir el apoyo más amplio posible de todos los actores principales.

- **La Red de Apoyo**
  Su papel es crucial y único. Sus miembros representan todas las categorías de interesados y suministran información clave desde varios puntos de vista que debemos tener como referencia. Su participación en el proyecto les da una perspectiva ideal que les convierte en activos partidarios de la iniciativa de cambio dentro de sus respectivas áreas de influencia. Puede que usted no se haya encontrado nunca con el concepto Red de Apoyo al Cambio. Le aseguramos que su creación es de crucial importancia para medir la

temperatura de la situación en tiempo real y aumentar la concienciación con el fin de reducir al mínimo el peligro de que el Equipo de Facilitación tome decisiones basadas únicamente en su propio marco de referencia, sin tener en cuenta el de los afectados.

Los integrantes de la Red de Apoyo son un pequeño grupo seleccionado cuidadosamente entre los diferentes actores implicados, que colaboran con el Equipo de Facilitación para el análisis de capacidad y predisposición del cambio. Acostumbran a tener una relación diversificada con los Facilitadores gracias a sus vínculos con mandos intermedios. En general, son trabajadores con una determinada personalidad que les permite manejarse bien en todos los niveles de la escala organizativa.

- **El Plan de Aceptación al Cambio**
  Debe concebirlo de forma estratégica. Ha de ser lo más detallado posible porque son los cimientos para que su iniciativa empiece a funcionar. También es la base para una planificación eficaz y práctica con los grupos de afectados. Además, está diseñado para abordar las diferentes formas en que las personas reaccionan, y ofrece mecanismos de asimilación de forma sistemática.

Una nota de cautela antes de continuar

Es parte de la naturaleza humana caer en la trampa de etiquetar a las personas o grupos que actúan coordinadamente dentro de una organización como "permanentemente resistentes" a cualquier cambio, grande o pequeño. Este hecho sitúa la responsabilidad en el lugar que corresponde; es decir, sobre usted. Como líder, y en colaboración con la Red de Apoyo al Cambio, debe identificar aquellos aspectos concretos que provocan resistencia. De esta forma le será más fácil encontrar maneras de tratar y mitigar cualquier tipo de inquietud que pueda haber entre los interesados.

Criterio para evaluar la Predisposición

La evaluación para saber si su gente está lista para el cambio se hace siguiendo un conjunto de claros y muy decisivos pasos. Su centro neurálgico es el Equipo de Facilitación. A partir de ahí, se empieza viendo su propia resistencia, el grado de predisposición que tiene para afrontar el cambio, y se seleccionará a aquellos que lo ayudarán a llevar a cabo el proceso. A continuación, el círculo se mueve hacia la Red de Apoyo que le irá proporcionando inestimable información interna. En calidad de patrocinador del Equipo de Facilitación, usted y el jefe de equipo que designe se encargarán de ganarse la confianza de los que formarán su Red de Apoyo. Para ello les introducirá en la Ruta Adaptada. Verá cómo se suman a su proyecto a medida que tomen conciencia de él, y cultivan su aceptación y aprobación del mismo.

Mientras vamos de la evaluación a la redacción del Plan de Adopción y pasamos a la fase de ejecución, las capas concéntricas que configuran el círculo del Cambio se van ampliando y profundizando. Obtendrá beneficios tangibles si en este punto repasa de nuevo la noción del espectro de resistencia en la fase de preparación para el cambio y las formas en que se manifiesta a lo largo del proyecto. Por favor, ahora, pare de leer y piense en ello antes de seguir.

Dado que las personas son a menudo imprevisibles, un grupo de empleados o clientes que apoyaron inicialmente su proceso podría alejarse en la fase de adopción y bajarse del tren si hay interrupciones o modificaciones importantes. Esto, por supuesto, es natural y forma parte de la gestión de lo inesperado. Usted no sólo deberá estar al tanto de todos aquellos elementos externos sobre los que no tiene control directo, sino que, además, los debe anticipar. Forma parte de la tarea de un líder. Así, usted se ocupará de una manera u otra de todas aquellas reacciones inesperadas y probablemente también ciertas actitudes resistentes por parte de grupos de interés internos y externos. Ha de estar preparado para ello.

Si usted y su equipo han sido conscientes de las fluctuaciones que se producen en la reacción de las personas de su entorno a lo largo del tiempo, si usted ha sacado conclusiones, irá un paso por delante que el resto en las fases de ejecución de su iniciativa. Esta experiencia adquirida le servirá para las siguientes olas de cambio que impulse. La esencia de crear una cadena de conocimiento que realmente importa se produce cuando los miembros del equipo reflexionan sobre lo que están aprendiendo a la vez que lideran.

El Cambio no ocurre de la noche al día

Hasta el momento, usted y su equipo han reflexionado y participado en los diálogos esenciales para identificar los puntos fundamentales de un cambio de filosofía en su gestión. ¿Acaso hay algo de esta última afirmación que le incomode? Actualmente, la mayoría de los libros de gestión que estudian procesos de transformación se dedican a hacer suposiciones sobre cambios de paradigma que usted, según ellos, debería aplicar. A veces dan la sensación que uno se levantó una mañana, se miró al espejo, y tuvo una visión telescópica de su iniciativa de cambio en la que todo, incluyendo el apoyo de todos los sectores, iba ocupando suavemente su lugar. Un cambio soñado. Sin problemas ni resistencias.

No creemos que sea así cómo los cambios, en cuanto a percepción y comportamiento, ocurren. Lo que sí es más normal, y definitivamente más probable, es que usted y, por lo menos, algunos de los miembros de su equipo, pueden continuar manifestando cierta resistencia y preguntas acerca de nuestro modelo de gestionar el cambio. Creemos que la Ruta Adaptada, aunque evalúa si su gente está preparada para el cambio, respeta la resistencia que puede haber en todos nosotros tanto de forma consciente como estratégica. Es sólo en el acto de "hacer", cuando ejecutamos, que cualquier variación de la perspectiva evoluciona. El cambio empieza con la acción y se convierte en el centro de la misma cuando reflexionamos con otros -y nosotros mismos- acerca de lo que sucede a nuestro alrededor cuando estamos en modo de acción.

Como habrá notado no hablamos de conseguir la situación perfecta puesto que no es posible. Sin embargo, ser conscientes de los cambios en la forma en que pensamos, nos aporta nuevas reflexiones sobre cómo liderar desde la integridad. Y no olvide algo importante. Preguntarse, apoyándose en conceptos nuevos fruto de otras magníficas preguntas que tal vez se haga, le conducirá a una nueva forma de ver las cosas y eso le llevará donde usted desee. Así que, haga preguntas, fomente que otros se las formulen, y aplauda a los que las hagan.

Ahora que hemos estudiado el escenario que le rodea y está abierto a una nueva forma de pensar cómo cambiar, reflexionaremos sobre la importancia de estar listo como un elemento indispensable para añadir al proceso de planificación tradicional.

¿Todavía siente alguna resistencia? Razón de más para sumergirse en este capítulo en el que las herramientas que utilizará con su equipo para evaluar la disposición de todas las partes interesadas serán también su guía personal. Y en esos momentos en que interiorice, no olvide que es fundamental que tanto el líder como el aprendiz que todos llevamos dentro conversen entre ellos.

Aprender a gestionar la angustia del liderazgo

Antes de continuar con los elementos clave de este capítulo, nos gustaría presentarle un concepto con importantes implicaciones en cada etapa de la Ruta

Adaptada, ya sea la primera vez que gestiona una iniciativa clave o la vigésima.

El proceso de entender sus propias motivaciones y sistema de valores debe comenzar con el equipo de Facilitación del Cambio. Mientras ellos empiezan a ponerse en marcha, es ineludible que vayan considerando cómo gestionarán el proceso con todos los grupos de interés implicados, tanto internos como externos.

Una vez que su equipo haya interiorizado la importancia de hacer una evaluación precisa, sus miembros tienen que dirigir su atención a la forma en que se va a realizar durante el ciclo de vida del proyecto, manteniendo un equilibrio entre la filosofía y la estrategia de comunicación con las partes interesadas, con la ejecución de las fases, y el calendario establecido.

Los equipos con los que trabajamos han descubierto que es útil considerar tres grandes tipos de preocupaciones: las operativas, las supuestas, y las emotivas. Identificar el origen de un problema nos ayuda a encontrar estrategias para escuchar, respetar y, así, poder atenuar esos problemas. Algunos de estos problemas se pueden evitar con una buena planificación. El resto de este capítulo se ocupa de los detalles de cómo y cuándo usted debe planificar para que sea efectivo y cómo evaluar la idoneidad de su plan antes de pasar a la práctica.

Mantenga estas tres categorías de preocupaciones en mente como base para el trabajo que usted hace y las habilidades que usted deberá cultivar para trabajar con la Red de Apoyo al Cambio y el equipo central del proyecto. Si sólo actuamos estratégicamente, corremos el riesgo de dejar preocupaciones y oportunidades en la mesa, sin ocuparnos de ellas. Las cosas pequeñas, estratégicamente tratadas, son las que hacen la diferencia en todo cambio sostenible. Conseguimos controlar lo grande, entendiendo lo pequeño.

El gráfico que presentamos a continuación muestra ejemplos de tareas específicas que representan módulos de cada uno de los principales elementos implicados en un proyecto de cambio. Para asegurarse de que está asimilando nuestro modelo, es de vital importancia que adquiera la rutina de cambiar constantemente su mirada panorámica a la mirada en detalle, y viceversa. Esta es la clave para validar sus decisiones. Al interpretar la tabla, tenga presente, también, que los avances tecnológicos no ocurren de forma simultánea y uniforme en todos los rincones del planeta. El ejemplo del cobro electrónico que utilizamos es algo que, aunque le parezca extraño, sigue ocurriendo hoy en día en muchos países emergentes o en vías de desarrollo.

Tipo	Ejemplo	Características	Enfoques
Elementos de Funcionamiento	Cambiar los pagos en efectivo a pagos electrónicos conlleva que todos los clientes tengan acceso a medios electrónicos. Algunos clientes podrían no ser capaces de adoptar este cambio si no pueden permitirse la tecnología adecuada.	Se presenta como una barrera u obstáculo que llevará más tiempo y recursos resolverlo. Si estos problemas no se tratan, conllevarán otros que dificultarán la Adopción del sistema	Encontrar soluciones factibles. Necesidad de manejar personalmente el Plan de Adopción del Cambio.
Elementos Emocionales	Nuevas directrices exhortan a todos los directivos a renunciar a una parte de su espacio de trabajo para compartirlo con otros debido a la reducción de costos.	La directriz afecta a sentimientos individuales y se traduce en angustia y sensación de pérdida. Esta reacción se extiende a todos si la pérdida se percibe como importante.	Prestigio desperdiciado, derechos, o el ritmo del cambio es demasiado rápido. Se recomienda empatizar y escuchar.
Elementos Supuestos	Los empleados pueden estar disconformes con el nuevo sistema de control de asistencia. Temen que se controlará más sus movimientos y disminuirá su privacidad.	Dudas o presunciones de qué podría conllevar a situaciones delicadas. La inquietud generada puede deberse a la falta de datos o información relevante.	Es necesario estudiar más a fondo y aclarar con las partes interesadas. Reclasificar esta situación y tratarla como operacional y emocional.

Nuestra experiencia nos dice que su equipo no puede hacer frente con eficacia a la complejidad de este tipo de asuntos de manera aislada. Usted colaborará con la Red de Apoyo para evaluar el grado de disposición de su organización y tendrá que examinar la naturaleza de todos los elementos potenciales de convertirse en un problema que le pondrán sobre la mesa.

Desde el principio, recomendamos que el equipo permanentemente se pregunte:

- ¿A qué categoría pertenece ese elemento que nos preocupa?
- ¿Qué información se necesita para entender el significado subyacente detrás de ese potencial problema?
- Examinando qué puede haber detrás de lo aparente, ¿qué estrategias de comunicación ha de implementar para abordarlo?

Si alguna de las partes implicadas se retira del proceso, usted debe aumentar su compromiso en encontrar formas legítimas para recuperar su apoyo, sin olvidar que debe atraer el máximo número posible de los que todavía no le han dado su apoyo.

Las llaves del reino

La estrategia para que usted utilice los miembros de su Red de Apoyo como mensajeros es el eslabón perdido que no se encuentra en la mayoría de los otros modelos de cambio que existen. Estos directivos y supervisores de nivel intermedio, y que han sido seleccionados cuidadosamente, pueden interpretar eficazmente las inquietudes que perciben tanto hacia arriba como hacia abajo de la cadena organizativa ya que representan, o son miembros de alguno de los grupos de interés altamente afectados.

Son como los corredores en las civilizaciones antiguas, que hacían llegar los mensajes de un reino a otro de tal manera que los dirigentes de ambos reinos podían recibir y enviar información. Sin embargo, a diferencia de esos reyes que a veces ejecutaban al mensajero, usted escuchará, participará y colaborará con su Red de Apoyo a medida que le lleguen los mensajes. Es posible que desee leer este párrafo de nuevo. Le acabamos de decir cómo conseguir " las llaves del reino".

La otra cara de esta ecuación es la siguiente: confiar en que todas las partes interesadas aceptarán completamente e inmediatamente el cambio que propone no es ni razonable ni viable. No lo espere.

Lo que necesita son personas que estén dispuestas a emprender la Ruta Adaptada porque su equipo ha hecho sus deberes a la hora de evaluar la disposición mediante los siguientes pasos:

- Han tanteado el nivel de predisposición de los grupos interesados clave.

- Han tenido en cuenta que cuantos más elementos de preocupación subyagan, especialmente en el terreno de operaciones y emotivo, mayor resistencia pueden mostrar los grupos de interés.

- Han confirmado que los problemas que se suponen como previsibles se van a examinar y clarificar junto con los operativos y emotivos. Todos importan por igual.

Sólo entonces usted podrá determinar si el proyecto está listo para pasar a la fase de implementación. En este punto, le recomendamos ajustar el ritmo de ejecución de la Ruta Adaptada para asegurar que se aborden todos los temas siguiendo criterios de importancia para su organización.

Identifique un candidato fuerte como jefe de equipo

Los principales candidatos serán de nivel intermedio capaces de mantener los objetivos del proyecto en mente y al mismo tiempo prestar atención a las estrategias de comunicación que sean sensibles con las partes interesadas. En nuestro trabajo tanto en países desarrollados como en desarrollo, hemos colaborado con nuestros clientes en la búsqueda del candidato ideal para dirigir el equipo y que destaque por su experiencia y don de gentes.

La persona ideal para liderar el equipo de Facilitación del Cambio debe tener una serie de destrezas con el fin de:

- Mejorar las aptitudes de aquellos que puedan satisfacer las necesidades de las actividades del proyecto.
- Ser ejemplo y entrenar a aquellos que puedan contribuir a hacer más fácil la transición.
- Facilitar en el diseño del Plan de Transición.
- Evaluar la disponibilidad de los agentes interesados mediante análisis de necesidades.
- Definir las estrategias de comunicación adecuadas para generar conciencia.

Y eso es sólo en la fase de planificación. El jefe del Equipo de Facilitación también debe:

- Servir como un miembro activo del equipo de ejecución.
- Proveer información y recomendaciones para comunicar y escuchar a los interlocutores y, a continuación, demostrar un fuerte compromiso para la fase de realización.
- Promover el aprendizaje y el desarrollo de la adopción de nuevas prácticas.

Durante el ciclo de ejecución del proyecto, el jefe de equipo deberá:

- Facilitar el plan de adopción del cambio.
- Realizar análisis sobre los actores implicados y evaluar los niveles de disposición para el cambio.
- Definir soluciones de comunicación efectiva para las partes implicadas.
- Colaborar sistemáticamente con la Red de Apoyo al Cambio.
- Promover el aprendizaje y el desarrollo de la adopción de nuevas prácticas.

Preguntas para los candidatos a liderar un equipo de cambio.
- ¿Tengo la capacidad para satisfacer las expectativas?
- ¿Qué habilidades tengo que serán fundamentales y útiles?
- ¿Qué habilidades o conocimientos tengo que mejorar?
- ¿Cómo me recupero cuando algo no funciona de la forma prevista?
- ¿Qué puedo hacer para mejorar situaciones actuales?
- ¿Seré capaz de hacer frente a la presión?
- ¿Hará mi superior que otras personas asuman parte de mi carga de trabajo mientras yo esté desarrollando esta función?

En este punto, si a usted ya le han asignado esta función, es posible que desee parar un segundo y respirar profundamente. Sepa que no estará solo mientras dure este proceso. Si usted ha sido nombrado Jefe de Equipo para liderar el cambio en su organización se rodeará de gente con específicas cualidades profesionales y humanas que le ayudarán a llevar a cabo los pasos clave de la transición.

Criterios para seleccionar el Equipo de Facilitación del Cambio

Como líder del Equipo de Facilitación del Cambio, y antes de que empiece a anotar nombres que se le vengan a la mente, recuerde que para que tenga éxito, es necesario que primero tenga en cuenta la función y, a continuación, encuentre personas con conocimientos adecuados para esa función. Es necesario también que haya diversidad en las capacidades y que los candidatos tengan, al menos, un interés común, si no experiencia directa, con las partes implicadas.

La evaluación de la disposición será un importante punto de referencia en cada una de las fases de planificación de la transición y ejecución.

A medida que comience a trabajar en una lista de posibles miembros del equipo, utilizando como guía las directrices que le hemos proporcionado, puntúe cada uno de ellos por la capacidad y la disposición que tienen al cambio según su punto de vista. Si no ha tenido relación directa con ellos, pida la opinión de sus colegas. Tenga en cuenta que esta es su primera oportunidad para formar su propio grupo y empezar a utilizar criterios centrados en las personas para seleccionar a su Equipo de Facilitadores del Cambio.

Este equipo de facilitadores tiene un carácter distintivo y una función múltiple. Supervisa la etapa inicial, trabaja con la Red de Apoyo sopesando las inquietudes de las partes interesadas, analiza los resultados, y desempeña un papel clave en el equipo del proyecto a la hora de implementar el Plan de Comunicación que se utilizará a lo largo de todo el ciclo del proyecto.

Hay, necesariamente, diferencias tangibles en los roles y las responsabilidades entre el Equipo de Facilitación y el Director de Proyecto. Recuerde la historia que hemos explicado en un capítulo anterior en la que una empresa decide trasladar su sede a otro lugar. Tradicionalmente se pondría en marcha un equipo para llevar a cabo las complejidades de este tipo de traslados, con el Director de Proyecto al frente. Gracias a la Ruta Adaptada, el Equipo de Facilitación y la Red de Apoyo migran de responsabilidad y pasan a formar parte del equipo de ejecución. Si se para a pensar, el concepto tiene perfecto sentido, ¿no le parece? ¿Por qué no utilizar los profesionales que tiene cerca y que mejor conocen los actores implicados mientras se engaña a sí mismo pensando que aún puede ejecutar un cambio centrado en las personas?

Con organizaciones que piensan estratégicamente, reconocer el todo o nada que con frecuencia se da cuando se trata del apoyo de todas las partes interesadas - empleados, sindicatos, socios, clientes, entidades de gobierno, y otros-, es la base de partida. Seguro que, si ha llegado hasta este capítulo del libro, entenderá inmediatamente qué intentamos decirle. Por eso es tan importante asimilar esta idea y reconocer que el tiempo invertido en el lado humano de la ecuación siempre le reportará grandes beneficios cuando se trata de cuestiones de cambio.

Kim Leng describe la diferencia entre las dos posiciones de la siguiente manera:

> El Director del Proyecto es un poco como el padre, que ejerce sus tareas y funciones de modo riguroso. El jefe de Facilitación del Cambio aporta el elemento humano, aquél modo materno, que equilibra lo duro con lo suave, y alienta al Equipo de Ejecución para prestar atención a cómo la cabeza y el corazón de las personas pueden trabajar mejor juntos.

Estrategias para organizar el Equipo de Facilitación del Cambio

Hay una serie de formas viables para organizar el equipo. Puede metamorfosearse de equipo de gestión en equipo para la ejecución del proyecto. O el Equipo de Facilitación puede proporcionar dirección estratégica mientras que un equipo de implementación lleva a cabo el día a día de la iniciativa de cambio. Creemos que es conveniente dar al Equipo de Facilitación un papel permanente ya que dispondrá de mucho y profundo conocimiento interno, con múltiples puntos de vista, así como la capacidad de una pronta adaptación y compromiso con el proyecto.

Promovemos el valor central de continuidad dinámica como fundamental para organizaciones concentradas en la gestión del cambio. Nuestra definición de continuidad dinámica demuestra participación activa en el tiempo durante el cual los líderes de equipo transmiten lo que han aprendido sobre la Ruta Adaptada a otras personas de la organización.

Una prioridad constante es la necesidad de orientar el proyecto para lograr la máxima eficacia. Nada destruye más el impulso y la energía de una iniciativa de cambio como los procesos engorrosos, las oportunidades perdidas o los mensajes contradictorios.

Recomendamos encarecidamente que el equipo reúna no sólo diversidad de aptitudes y puntos de vista, sino también variedad de edades. Los prometedores directivos jóvenes llevan energía y nuevas ideas a la mesa. Ellos, a su vez, aprenden de los directivos más experimentados y de los miembros de la Red de Apoyo. Esta es una buena forma de ponerlos a todos en contacto. Y, por último, por supuesto, estos jóvenes directivos son los líderes del mañana. Nada hace que las capacidades de uno sean más sólidas, ni genera mejores y nuevas perspectivas como haber sido un jugador clave durante un proceso de cambio.

Criterios para seleccionar el Equipo de Facilitación del Cambio

- **Seleccione los miembros con diversas perspectivas y habilidades**
  Si usted está familiarizado con Edward de Bono y su libro *Seis Sombreros para pensar*, tal vez le apetezca considerar cómo ese modelo de diversidad funcional puede reforzar su equipo. Con diferentes perspectivas vienen los desacuerdos. En cambio, si se contempla como un intercambio positivo para el bien común, en lugar de basarse en el ego de tener la razón, las decisiones, estrategias e implementaciones serán mucho más fuertes gracias a esa diversidad.

- **Asegúrese de que tengan capacidad de liderazgo y colaboración**
  Es esencial que, al menos, algunos miembros del equipo tengan experiencia en proyectos que requieren una perspectiva más amplia que la tradicionalmente basada en el método de liderar y controlar.

- **Ratifique que los miembros clave están plenamente comprometidos**
  Esto no implica necesariamente que todos comulguen con cada una de las ideas de su iniciativa, o que tengan preguntas, incluso algún tipo de resistencia todavía. No pararemos de recordarle que buenas y razonadas preguntas, así como ofrecer respuestas igualmente razonadas a esa o esas personas que aún expresan dudas respecto algún aspecto de la iniciativa, no sólo es deseable, sino esencial para fortalecer el proyecto. Tan esencial como que los miembros clave del equipo estén plenamente comprometidos con la misión y los objetivos desde el principio.

- **Confirme que tengan cosas importantes en común**
  Es deseable que compartan ansias de colaborar eficazmente y que también tengan una visión compartida basada en la integridad. Esto les ayudará a permanecer unidos en el transcurso del proceso incluso cuando las cosas no vayan del todo bien. Y dada la complejidad que conlleva estos procesos

dinámicos, entre ustedes nacerá una complicidad especial y se convertirán en expertos de hacerse "amigos" de la inevitable naturaleza del cambio.

- **Céntrese en los objetivos del Equipo de Facilitación del Cambio**
  Estos incluyen los objetivos de recopilación de inteligencia, asimilar los nuevos conceptos aprendidos, y facilitar el cambio basado en la Ruda Adaptada.

La Red de Apoyo al Cambio es imprescindible

Los miembros de la Red de Apoyo tienen una gran y diversificada relación con el Equipo de Facilitación, actuando como los ojos y los oídos en la evaluación de las partes interesadas durante las fases de planificación, ejecución y evaluación.

Muchas de las partes interesadas podrían participar, pero sólo un grupo cuidadosamente seleccionado debe ser fundamental en el proceso. Este grupo será invitado a formar parte de la Red de Apoyo. A partir de ese momento, como miembros ya de la Red de Apoyo, esas partes interesadas tendrán una fuerte influencia en la toma de decisiones y compartirán la responsabilidad de fortalecer el proceso marcado por la Ruta Adaptada, especialmente en cómo gestionar cualquier elemento inesperado que pueda surgir.

Para seleccionar los miembros de su Red de Apoyo al Cambio le sugerimos que considere estos aspectos:

- Escoja gente que tenga alta tolerancia para moverse en situaciones de ambigüedad ya que este proceso será nuevo para ellos y al principio necesitarán familiarizarse con él. Sus personalidades, sin embargo, permitirán que se sientan intrigados por las diferencias y novedades y pronto se manejarán de forma confortable.

- Los candidatos deben tener baja tolerancia respecto al estilo habitual de planificación.

- Por lo tanto, usted buscará candidatos que crean que el famoso "preparados, listos, fuego" es la mejor estrategia.

- Los compañeros, subordinados y superiores de aquellos que se tome en consideración han de ser conscientes de que los candidatos saben escuchar, con capacidad de trasladar e interpretar lo que sienten y oyen.

- Los candidatos deben entender intuitivamente cómo el ritmo y la magnitud del cambio impacta en su organización.

- Los candidatos también deben ser capaces de participar de manera efectiva en la planificación y ejecución.

Como nos gusta decir a nuestros clientes, estas redes se encargan de aportar la cara más humana al proceso.

La Red de Apoyo al Cambio ofrece un valor inestimable a la hora de:

- Sugerir grupos de interés para evaluar y analizar.
- Aportar ideas al equipo para atender inquietudes de los interesados.
- Compartir rumores infundados y negatividad acumulada para, a continuación, sugerir posibles respuestas y soluciones.
- Colaborar con el equipo ofreciendo recomendaciones para los planes de Comunicación y de Adopción.

Recuerde que los interesados son todos aquellos que se ven afectados, de una forma u otra, por una iniciativa de cambio y que las Redes de Apoyo al Cambio están formadas por personas influyentes dentro de la organización.

Los sistemas escolares son contextos complicados con un número elevado de grupos de interesados, tanto internos como externos. Cuando nos contrataron para un proceso de cambio que iba a afectar a miles de padres, sabíamos que íbamos a necesitar asistencia de gente muy implicada en el sector.

Con la colaboración del cliente, involucramos a unos cuantos directores de escuelas y responsables administrativos conocedores de diversas áreas de ese sistema educativo. Necesitábamos que nos hicieran llegar y nos mantuvieran informados de todo lo que provocaba el rechazo del plan por parte de uno de los principales grupos de interés, los padres. Los directores nos ayudaron tremendamente en esta tarea, no sólo informándonos de todo lo que preocupaba a los padres, también fueron un excelente instrumento para conseguir crear un grupo de trabajo con ellos y ayudarnos a comprender su punto de vista.

Esta Red de Apoyo al Cambio continuó colaborando con nosotros a lo largo de toda la iniciativa de cambio, tanto en términos generales como más concretos. Sus aportaciones fueron - por poner sólo un ejemplo- de valor incalculable cuando preparábamos unas encuestas a la hora de elegir la terminología y el lenguaje adecuado para que los padres pudieran sentirse más identificados y responder mejor y más sinceramente.

Sin esta Red de Apoyo nos habríamos visto obligados a operar desde el desconocimiento, utilizando un punto de vista ajeno a todo el contexto escolar en el que debíamos trabajar. Esta experiencia fue muy gratificante y confirmó nuestro genuino convencimiento en la gran utilidad de las Redes de Apoyo para cualquier proceso de cambio.

Nuestra recomendación, que además confirma la importancia de su función, es que la Red de Apoyo ha de continuar trabajando con los equipos de Facilitación y de Implementación a lo largo de todo el proceso. La historia de este cliente que acabamos de compartir arriba, ejemplifica hasta qué punto involucrar la Red de Apoyo en el proceso de evaluación puede hacer una diferencia tangible a la hora de minimizar resistencia dentro de una organización.

Seleccionar grupos de interesados para la evaluación

Dentro de una organización, la gerencia puede determinar quiénes son las partes interesadas, pero en general los directivos no están en condiciones de hacer frente a los matices que requiere una operación de este tipo ya que están demasiado acostumbrados a ver las cosas con mirada telescópica. Ser eficaces seleccionando grupos de interés para su evaluación requiere acercamiento y hay que conocer muy de cerca el terreno que pisamos.

Lo que queremos decirle es que cuántos más datos y detalles disponga más y mejor podrá pormenorizar el Plan de Adopción, y, por lo tanto, su implementación será más eficaz. De ahí que sea tan fundamental elegir los convenientes grupos de interesados por las convenientes razones. Esto le hará poseedor de un conocimiento esencial para saber qué debe hacer a continuación, no sólo con el proceso de cambio iniciado. También le será útil en futuras iniciativas, tanto planificadas como no planificadas.

Por nuestra experiencia, consideramos que es más eficaz identificar a los grupos interesados por el grado de impacto que les producirá el cambio. Mientras que identificar y categorizar los interesados no es totalmente científico, disponer de un conjunto de criterios para determinar qué constituye un buen grupo de participantes es muy útil. Recuerde otra vez esa organización que va a trasladar su sede, a la que ya nos referimos en otros capítulos. En ese contexto es fácil determinar que el mayor impacto de la medida recaerá sobre sus trabajadores. Ellos no tienen control sobre sus horarios. Sus turnos afectan sus desplazamientos y otras obligaciones familiares que deban compaginar. Estas preocupaciones afectan menos a mandos intermedios y no perturban a los niveles más superiores del personal lo que hace que apoyen sin reticencia cualquier iniciativa que se les presente como estratégicamente buena para ellos.

En otra ocasión, recibimos la consulta de una empresa que necesitaba reunir opiniones de consumidores por lo que habían puesto en marcha un sistema para conseguir información relevante de sus clientes. Lógicamente esto inmediatamente preocupó a los compradores que empezaron a llamar en masa al servicio de atención al cliente para denunciar la medida.

En este caso, es fácil ver que los actores más afectados por el cambio son los trabajadores del departamento de asistencia al cliente. ¿No hubiera tenido más sentido conocer sus impresiones antes de aplicar la medida y ver si tenían alguna sugerencia antes de lanzarse a probar una solución que acabaría generando más problemas? Los responsables de este departamento no ocupan una posición estratégica pero sí tienen una visión táctica por estar a nivel microscópico, es decir, cerca del objetivo a tratar. Es precisamente por eso que han de ser incluidos en el proceso de solución del problema, además de escuchar y considerar sus aportaciones.

La evaluación mide el grado de incertidumbre y disposición

Ya hemos explicado que la evaluación de la situación es clave antes de poner en marcha cualquier iniciativa de cambio. Para que cumpla el objetivo deseado ha de contemplar, al menos, tres de las mayores preocupaciones que estén experimentando las partes interesadas. Al clasificar estas preocupaciones usted y su equipo será más capaz de analizar mejor la situación para llegar a ellas y atajarlas sopesando la idoneidad de sus acciones.

Le recomendamos que empiece con un debate en profundidad sobre los criterios de evaluación. Esto se puede hacer con una sesión de media jornada -o jornada completa según la complejidad- con el equipo de Facilitación y la Red de Apoyo para que identifiquen las inquietudes de los interesados, incluyendo todos los supuestos subyacentes y menos visibles. Asegúrese de contemplar también el riesgo que supondría que su iniciativa de cambio no se llevara a cabo debidamente.

Esto nos lleva a evaluar los grupos de interés que recibirán un mayor impacto por el cambio. Para ser más precisos en nuestra evaluación, es necesario tener en cuenta las dos dimensiones en las que nos movemos, de capacidad y preparación para el cambio, tal y como indicamos en el siguiente gráfico. La disposición a adoptar el cambio también tiene esas dos mismas dimensiones.

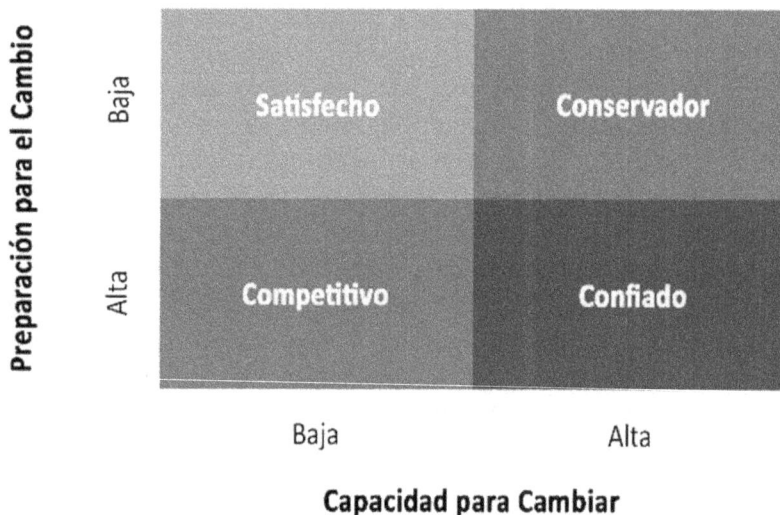

Figura 6 - Evaluación de la Disposición de las Partes Interesadas

Dado que nuestro modelo es estratégico, detallar el nivel de las tareas requerirá nuestro compromiso con el proceso. Además, una guía para el jefe de equipo y manuales preparados específicamente para su caso acompañarán a su equipo y les servirán de apoyo a lo largo de todo el trayecto.

Le recomendamos revisar periódicamente esos indicadores de disposición a lo largo de toda la ejecución del proyecto. De esta forma podrá evaluar sus esfuerzos tanto en el micro como en el macro nivel. Por si le gusta la idea, algunos de nuestros clientes cuelgan estos seguimientos y sus anotaciones en la sala de reunión del Equipo de Cambio como recordatorios visuales.

¿A dónde vamos desde aquí?

Ya hemos examinado la complejidad y entendido la estrategia necesaria para evaluar el proceso que debemos seguir para conocer el grado de disposición y la resistencia de las partes interesadas. Alcanzado este punto le pediremos que "congele" sus conclusiones con el fin de crear el Plan de Adopción del Cambio. A medida que lo vayamos evaluando y poniendo en práctica lo irá "descongelando" así, mientras avanza, irá viendo su eficacia y podrá hacer las correcciones necesarias.

En nuestros servicios de consultoría actuamos como entrenadores y guías sobre el terreno, a su lado. En algunos casos, usted o su organización sólo han conocido experiencias de gestión de control y mando. La Ruta Adaptada que le proponemos le permitirá enfrentarse a lo inesperado que es lo que convierte a las personas implicadas en el centro de cualquier iniciativa de cambio. La experiencia nos dice que para que triunfen, las decisiones más importantes respecto a cómo administrar un proceso de cambio siempre han de surgir del seno de la organización.

Como ya hemos explicado, nuestro Marco de Ruta Adaptada se basa en datos y experiencias que hemos acumulado ayudando a nuestros clientes. Nos congratulamos de haber comprobado que es efectivo en situaciones diversas e imprevistas. Nos sentimos orgullosos de ello pero no crea, bajo ningún concepto, que pensamos que nuestro modelo es inamovible. Nunca consideraremos las aplicaciones de nuestro método escritas en piedra.

A medida que progrese de la fase de evaluación a la de ejecución, sea muy consciente de que el apoyo, o la falta del mismo, de sus directivos, sus trabajadores, y toda esa gama de grupos de interesados externos, tanto pueden hacer posible, como romper su iniciativa. Se lo pondremos aún más dramático. Un proyecto de cambio mal concebido y ejecutado deja un recuerdo tan amargo en la mente de todos que convierte la próxima iniciativa de cambio en un reto mucho más difícil de conseguir.

Una de las historias favoritas de Kim Leng se la contó un veterano directivo de la Europa del Este durante una sesión que Kim Leng estaba facilitando. La situación que describiremos detalla cómo un proceso de cambio que inicialmente parecía sencillo tuvo consecuencias inesperadas por no tener en cuenta previamente a las partes interesadas.

> El cuerpo de policía de una ciudad importante necesitaba instalar un Sistema de Posicionamiento Global para activar unos dispositivos móviles de datos habilitados en todos sus vehículos. El objetivo era facilitar que sus agentes pudieran tener acceso a la información en todo momento y a la vez facilitar el seguimiento de sus ubicaciones por razones de seguridad. Las razones presentadas por el cliente eran válidas y bien intencionadas. Los agentes de patrulla, sin embargo, lo vieron de forma diferente. Sentían que Gran Hermano les estaba vigilando y se sentían controlados si hacían un descanso para tomar un café o si hacían una parada en su casa.
>
> En menos de un mes todos los dispositivos móviles de datos dejaron de funcionar. Se abrió una investigación y se encontraron con la sorpresa de que las patrullas los habían desactivado premeditadamente. De hecho, algunos no sólo los habían arrancado del coche sino que, literalmente, los habían destruido. Sobran las palabras, ¿verdad?

Suponemos que esta historia tan surrealista le habrá acabado de convencer de la necesidad de desarrollar un Plan de Adopción del Cambio contando con la inestimable aportación de todas las partes interesadas. Todos esos datos y opiniones que ha ido recopilando, debidamente evaluados y analizados, le ayudarán a diseñar minuciosamente su trayectoria antes de proceder.

CAPÍTULO CINCO
Un Cambio Centrado en las Personas

Estén tranquilos porque no estamos proponiendo reinventar la rueda. Todos los elementos tradicionales de planificación están firmemente incorporados en nuestro modelo. Simplemente es diferente el método que utilizamos para llegar a ese terreno de planificación que le resulta familiar.

Titular este capítulo "El Cambio Centrado en las Personas" no es algo baladí. Podríamos decir que lo que le proponemos se parece a lo que usted hace cuando planifica sus vacaciones. Primero, identifica sus necesidades y deseos para el viaje. Después comienza la planificación y control con otras personas para precisar los detalles y que el viaje resulte interesante para todos ellos. Lo que proponemos no es muy diferente.

Mediante el análisis de las partes interesadas en el ciclo de evaluación, este capítulo, facultará a usted y a su equipo para seleccionar las estrategias más eficaces para la gestión de todo el proceso. Son las claves de activación. Usted va a utilizar el análisis de las partes interesadas y consultar con su Red de Apoyo antes de pasar a una planificación sistemática.

Desde allí se hará hincapié en la determinación de las necesidades de un Plan de comunicación del Cambio dirigido a los principales grupos de interés y, a continuación, completar su plan centrado en las personas pasando a la fase de Ejecución.

Facilitar el cambio a través de un proceso basado en las personas

Si usted se siente impaciente porque aún estamos en la mitad del libro y justo ahora hemos empezado a centrarnos en la planificación y ejecución, recuerde que no está solo. Su cerebro lineal es un buen atleta pero los temas tratados en los primeros cuatro capítulos han tocado la parte emocional de su cerebro, un área que tradicionalmente no ejercita demasiado durante su jornada laboral.

Póngase cómodo. Ahora vamos a entrar en un terreno que le resultará más familiar, pero esta vez con una diferencia respecto a lo que ha hecho en el pasado. Las partes interesadas seguirán estando en el centro de la ecuación. En vez de minimizar su presencia del proceso de aplicación, serán hábilmente incorporadas en el proceso. Lo ideal es que el líder del Equipo de Facilitación del Cambio, quien recomendamos siga siendo un miembro activo y valioso del Equipo de Ejecución, sea también el responsable de dirigir esta parte.

Llevar a cabo este proceso basado en las personas es como si decidiera comprarse un coche de carreras. Sabe dónde están los pedales de un coche y está acostumbrado a que su turismo le lleve a todas partes sin ningún problema. Pero con un coche de carreras, conducir es una experiencia con lo inesperado. La emoción y todas esas destrezas necesarias para que tanto usted –como conductor- como su fantástico vehículo permanezcan seguros en la carretera mientras aprende a navegar por nuevas y más emocionantes formas de conducción, resultan un reto.

A medida que avanzamos hacia experiencias de conducción más conocidas y mecánicas, recuerde que ahora está en posesión de una poderosa máquina, sólo que en lugar de la habitual gasolina de alto octanaje, el combustible que va a utilizar es la motivación de su gente.

Es imprescindible una planificación sistemática

Le recomendamos estudiar todas estas ideas con su equipo en una de sus primeras reuniones. Enfrentarse con éxito a nuevas formas de pensar y participar es algo que debe hacerse desde el principio.

Aquí están los elementos que son la base de nuestro marco de planificación sistemático:

- Los pasos esenciales han de ser planificados y ejecutados de forma reiterada para que se conviertan en homogéneos puntos de referencia que aumentan la eficiencia y la flexibilidad para modificar determinadas tareas a medida que se aplican.

- Los gestores no son expertos en comunicación, pero son los principales transmisores hacia arriba y hacia abajo en la cadena organizativa, tanto para las presentes como las futuras iniciativas de cambio. Y ese es un reto importante. Por eso estaremos allí para guiarle a través de todo el proceso. De ahí que en este libro también le ofrezcamos técnicas de comunicación y herramientas de estrategia. Y también por eso, le recomendamos que traiga sus expertos en la toma de Conciencia, Aceptación y Adopción a las sesiones de planificación desde el principio del proceso.

- Entre las habilidades de un gestor resistente se incluyen los conocimientos tradicionales, así como el don de gentes. Saber relacionarse con los demás es fundamental para hacer llegar su mensaje. Ambas habilidades son necesarias para crear un plan de cambio que aumenta sus posibilidades de éxito a medida que también crece su grado de Aceptación y Adopción.

Esas cualidades de gestión incluyen:

- Mantener una visión clara de lo que se pretende lograr.
- Prestar atención a la parte lógica de su mente manteniendo su sensibilidad alta en aquellos puntos donde sabe que hay resistencia.
- Estar plenamente informado acerca de la inminente iniciativa de cambio.
- Aceptar la necesidad de una migración hacia un modo de pensar más flexible y adaptable.
- Disponer de interlocutores tanto dentro como fuera de la organización para mantener su perspectiva fresca y alerta.
- Comprometerse con las iniciativas de cambio y aceptar que hará lo que sea necesario para completarlas con éxito.

Pasos a tomar para planificar la facilitación del cambio

El Plan de Adopción del Cambio incluye:

- Estrategia de Facilitación.
- Plan de Comunicación.
- Compromiso para incorporar a todas las partes interesadas.
- Presentación del Plan de aprendizaje.

A partir de nuestra experiencia acumulada gracias a los numerosos proyectos focalizados en facilitar el cambio, hemos destilado los siguientes tempos y fases en la planificación:

- Preparar para el Cambio (organizar)

  1. Planificación para el Cambio.
  2. Determinar los Principios de Facilitación del Cambio.
  3. Movilizar la Red de Apoyo al Cambio.

- Comprender el Cambio (analizar)

  1. Análisis del Cambio.
  2. Análisis de las partes interesadas.
  3. Análisis de impacto.

- Permitir el Cambio (sintetizar)

  1. Definir la Estrategia de Adopción del Cambio.
  2. Diseñar el Plan de Adopción del Cambio.
  3. Validar el Plan de Adopción del Cambio.

Tenga en cuenta que, si los cambios son significativos para las partes interesadas más directamente afectadas, todos estos elementos del Plan de Adopción deberán estar preparados para poder ponerse en práctica.

Prepararse para el cambio

Antes de que empiece la planificación, el patrocinador ejecutivo tiene que nombrar un Equipo de Facilitación y seleccionar los miembros apropiados. El primer paso del equipo será proponer un conjunto de principios de facilitación al cambio que servirán de pauta y ayudarán a identificar los miembros de la Red de Apoyo.

En una amplia iniciativa para fusionar dos grandes bancos locales en Singapur, fuimos contratados para integrar los procesos operativos y gestionar los cambios que resultaran de esa fusión.

Argumentos emocionales y de diferentes supuestos posibles dominaron inicialmente los debates. Facilitamos a los grupos de trabajo para que encontraran un terreno común que les permitiera pasar directamente a la ejecución de tareas mientras les recordábamos que su trabajo era implantar los mejores mecanismos para satisfacer las necesidades de los clientes.

Cada unidad de negocios afectada por la iniciativa debe tener representación en la Red de Apoyo al Cambio. A veces, una determinada unidad puede que necesite tener más representantes presentes en la Red si la iniciativa impacta a varias áreas y roles de la misma. Seleccionar cuidadosamente los representantes de los miembros que velarán por el proceso garantiza que se tenga en cuenta todos los puntos de vista posibles y crea la dinámica y estructura de apoyo que se desea desde el principio.

Comprender el cambio

Esta es una actividad importante que requiere una cuidadosa planificación por el Equipo de Facilitación y la Red de Apoyo para reunir los conocimientos y sentimientos de los diversos grupos de interesados.

El primer paso es la elaboración de una lista de conocidos y potenciales cambios que se presumen como resultado de la implementación de su iniciativa. Este paso es relativamente sencillo ya que siempre hay una lista de cambios deseados enmarcada por la necesidad de cambio, en sí misma, o las respuestas al mismo que se esperan.

El próximo paso es llevar a cabo un análisis de las partes interesadas que involucre significativamente a su Red de Apoyo. Si bien las encuestas son eficientes, tienen muchos inconvenientes. Si no son lo suficientemente concretas, se convierten en un instrumento impreciso que le aportarán utilidad marginal. Tampoco contemplan cómo elaborar preguntas de seguimiento que permitan hacer una mejor radiografía de la situación. Además, las partes interesadas pueden temer que, de alguna manera, acaben siendo penalizadas si revelan información que es de importancia crítica para la organización. No nos oponemos a las encuestas pero hemos comprobado que no siempre son el instrumento más útil en los escenarios de cambio.

Esta es la secuencia práctica que generalmente sugerimos a nuestros clientes: Empiece realizando una serie de talleres pensados para atender preocupaciones específicas de las partes interesadas que la Red de Apoyo ha puesto sobre la mesa. Aunque este tipo de talleres son de horarios intensivos para su equipo, también tienen un valor incalculable para reunir el contexto necesario que permitirá llevar a cabo una efectiva e innovadora facilitación. Esta estrategia nos ha demostrado que la información que hace llegar la Red de Apoyo al Cambio tiene un impacto mayor si se hace antes de iniciar una encuesta, no después. De este modo, si usted opta por realizar una encuesta, los datos que consiga le proporcionarán pruebas estadísticas fiables, identificando el número y el calado de las inquietudes de las partes interesadas y los grupos más susceptibles de ser resistentes al proceso de cambio.

Los talleres dirigidos por el Equipo de Facilitación reúnen todas las pruebas que necesita y le permiten hacerse una idea bastante aproximada de cuál es la posición de todas las partes implicadas. Las reservas y desafíos que manifiesten quedan documentados pero usted debe procesarlos como preocupaciones y clarificaciones que debe ofrecer. De esta forma se asegura que su propuesta se entienda bien. Todas las críticas y preocupaciones deben evaluarse a través de un Análisis del Impacto que las divide en alto, medio y bajo nivel de impacto. Este proceso permite una comprensión - tanto crítica como contextual - de las inquietudes declaradas por las partes interesadas y del impacto que estas cuestiones puede tener sobre su iniciativa de cambio.

Permitir el cambio

El primer paso en esta última etapa de análisis es el de asentar su Equipo de Facilitación en un amplio marco focalizado en cómo dirigir el cambio. En el transcurso de los años, hemos encontrado varias estrategias útiles que pueden reducir drásticamente la resistencia y el impacto negativo del cambio. A continuación le detallamos cómo utilizar algunas de estas estrategias:

- **Identificar la necesidad imperiosa de cambiar**
  Si el cambio es una cuestión de supervivencia conlleva cierto sentido de la urgencia y permite movilizar a los empleados de forma mucho más efectiva. Cuando hemos, por ejemplo, trabajado con organizaciones que se fusionaron o externalizaron sus servicios, nadie puso en duda la necesidad de aprender nuevas técnicas si eso iba a salvar su puesto de trabajo.

- **Liderar predicando con el ejemplo**
  Por ejemplo, cuando líderes organizacionales demostraron que podían

aprender a usar las nuevas tecnologías, o simplemente utilizar el correo electrónico para comunicarse y coordinar mejor sus actividades, la aprobación de este modo de comunicación rápidamente se convirtió en la norma.

- **Fraccionar un gran cambio en pequeños cambios**
  A veces, un cambio importante puede ser una tarea de enormes proporciones. Si un cambio importante, como la adopción de un nuevo sistema de intranet, como le pasó a uno de nuestros clientes, es aprobado, puede llevarse a cabo una transición gradual a medida que las nuevas metodologías emergen por fases. Pequeños pasos ayudan a las personas a adaptarse a las nuevas prácticas de trabajo y requieren menos esfuerzo colectivo. Los líderes que acuñan esta manera de proceder mantienen simultáneamente activos ambos roles, el de liderazgo y el de aprendizaje.

- **La estrategia del "divide y vencerás"**
  Puede ocurrir – de hecho sucede casi siempre- que los grupos de interesados adopten los cambios a ritmos diferentes, dependiendo de la disposición de cada grupo. Esta estrategia práctica funciona mejor cuando la disposición de los distintos grupos de interesados se mueve en una amplia horquilla que va de la resistencia a la aceptación. Esta segmentación permite a los grupos interesados que estén más proclives a adaptarse y moverse más rápido, pero al mismo tiempo, da más tiempo a las otras partes para incorporarse.

- **Una pequeña victoria inicial le ayudará a ganar adeptos**
  En los casos en los que la organización necesita adoptar nuevas prácticas de trabajo, una adaptación rápida pero exitosa, aunque sea de un pequeño grupo, genera confianza y moviliza apoyos entre los más reacios. Uno de nuestros clientes del sector público quería que sus empleados sustituyeran el uso del papel por el manejo electrónico. Le ayudamos a generar dinámicas de resultados rápidos que provocaron un inmediato contagio positivo al nuevo modelo y se garantizó el éxito de la transición.

- **Conceder incentivos y apoyos**
  Algunos de nuestros clientes, cuando han trasladado sus oficinas a zonas más remotas y menos comunicadas, han proporcionado formas de transporte accesible a sus empleados que incluían puntos de recogida para reducir las molestias experimentadas por el personal. Otro cliente proveyó

alimentos y bebidas cuando necesitó que sus empleados trabajaran hasta más tarde. Buscar incentivos y apoyar al trabajador en momentos de cambio facilita el proceso porque el empleado siente que realmente importa.

- **Marcar límites para los que se niegan a participar**
  Un poco de resistencia es más la norma que la excepción. Tras implementar las estrategias proactivas de cambio que hemos recomendado, una mayoría significativa debería ya estar a su lado, dispuesta para adaptarse al cambio. Tal vez sea el momento oportuno de dejar saber a algunos resistentes que el tren ya está listo para partir y que tienen una última oportunidad para subirse.

Entre el paso que va de la fase de evaluación a la de planificación, es fundamental que el Equipo de Facilitación y la Red de Apoyo participen en talleres con un tiempo estimado de un día por semana durante un período de tres a cuatro semanas. Breves reuniones con todo el mundo mirando sus relojes no le darían el flujo de información esencial y la profundidad de conocimientos necesarios para el éxito del proceso de su Ruta Adaptada. Una vez hecha la evaluación y con el compromiso de ambos equipos ya en marcha, estas sesiones se convierten en un marco ideal para ir configurando el Plan de Adopción al Cambio.

Una activa y plena participación de su equipo en estos talleres le va a garantizar valiosos debates que conducirán a ricas conclusiones sobre cuál es la mejor estrategia de facilitación, así como contribuciones para mejorar el plan global de su iniciativa de cambio.

Si bien los detalles se pueden encontrar en el Plan de Adopción al Cambio disponible en la sección de Recursos, repasar los temas de las sesiones taller aporta un contexto para dar significado a un proceso que tal vez sea nuevo para usted.

En concreto, los talleres se focalizan en:

- Valorar cómo incrementar la comunicación como componente clave y cómo hacer llegar el mensaje a los principales interesados, entre ellos trabajadores y asociados.

- Determinar cuál es la mejor manera para involucrar y comprometer a los principales actores implicados en la clarificación y en la co-creación del futuro.

- Diseñar y ofrecer aprendizaje que acelere la adopción de nuevos conocimientos y asegure sostenibilidad.

Estos tres conceptos esenciales se describen e ilustran en detalle en los Capítulos 6, 7, y 8, destinados a la implementación de su plan.

¿Cómo funciona esto en la vida real?

Una destacada universidad asiática recibió un importante revés por parte de sus profesores más veteranos al confirmarse que la iniciativa de cambio que iban a llevar a cabo obligaba a sus profesores a impartir clases online. Evidentemente, surgió una larga lista de objeciones, entre ellas, como era de esperar, el miedo al propio cambio, a hacer el ridículo, y, en la mente de muchos profesores, el temor a perder el control. El cambio drástico que se produjo al pasar a dar clases online, generó, comprensiblemente, un enorme vacío dado que los profesores de la universidad no tenían ningún marco de referencia para este desafío que se les presentaba.

La universidad retiró el proyecto. En su lugar, ofreció a los profesores cursos para aprender a dominar el uso de Internet como una forma de ampliar su forma de pensar, aprender, y enseñar. También les enseñaron cómo este medio podía ayudarles a comunicarse mejor con sus alumnos.

Incorporando una Red de Apoyo al Cambio estimularon a experimentar a aquellos que primero se mostraron receptivos, lo que rápidamente influyó y alentó a los demás miembros de la universidad para que siguieran su ejemplo.

Como ven, el cambio ocurre gradualmente, lo que siempre es bueno para que sea realmente sólido. Resulta más complicado cuando el cambio ha de producirse rápido y afecta a múltiples grupos de interesados.

En cierto modo, y debido a que involucra representantes internos activos en el proceso de evaluación y la incorporación de una Red de Apoyo, esta fase, en cualquier proyecto, es como una especie de ensayo general antes del estreno de una noche de teatro. Es una buena oportunidad para que un grupo bien avenido de miembros del equipo y de actores interesados que apoyan el Equipo de Facilitación colaboren y establezcan lazos para sacar adelante juntos el proceso.

Un plan orientado a grupos clave de interés

El Plan de Adopción al Cambio se centra en los problemas de los principales grupos de interesados minimizando el impacto de la transición para que de esta manera tengan más probabilidades de adaptarse mejor al cambio.

Nuestra metodología, adaptada para procesos de transición y centrada en grupos de interés y situaciones de alto impacto, se basa en las etapas fundamentales de Concienciar, Aceptar, y Aprobar. El plan refuerza sus estrategias para cada una de estas altamente interconectadas fases, que además se despliegan a medida que avanzan enmarcadas por nuestra Ruta Adaptada.

Enfatizamos la importancia del análisis del rol de cada grupo de interés y la evaluación de la situación tal y como hemos descrito en este capítulo, orientándonos, claro está, hacia la iniciativa de cambio que cada cliente proponga. Definitivamente este no es un traje de talla única. Nuestro enfoque se confecciona a medida de cada necesidad. Es, en todo caso, un traje a medida. Todas las ideas posibles pasan por un riguroso proceso para determinar la estrategia y los detalles tácticos que requiere un Plan de Adopción al Cambio. El diseño es el resultado de nuestro exclusivo proceso de análisis que utiliza toda la información facilitada por la Red de Apoyo al Cambio. Es decir, ampliar determinadas actividades para clarificar o fortalecer determinadas partes del proceso puede ser necesario para atender grupos de interés fuertemente afectados, pero la cobertura mediática puede planificarse con un bien detallado pero simple kit de prensa distribuido oportunamente.

El plan necesita lograr atraer los grupos de interés más influyente. Para conseguirlo hay que realizar sesiones informativas que además nos permitan recabar, no solo apoyos, sino también información. Esto ayuda a generar una dinámica de compromisos, obligaciones y oportunidades para identificar soluciones a retos que se vayan presentando en la fase de implementación. Por ejemplo, consultar un grupo de interesados externos, tales como los padres, en una iniciativa de cambio promovida por el Ministerio de Educación de Singapur, nos permitió recabar un grado elevadísimo de comprensión de sus necesidades que nos ayudó a amoldar los detalles de la puesta en práctica con gran precisión. Como pueden apreciar, un plan de aprendizaje basado en el rendimiento, algo ausente en la mayoría los proyectos de cambio, para nosotros es primordial.

A menos que se produzca un mayor rendimiento en los resultados de aprendizaje y exista una clara estructura mental predispuesta a la educación continua, el cambio no puede arraigarse, y las personas se sentirán atraídas a viejas prácticas. Y eso conduce a frustraciones y acumula percepciones negativas sobre la totalidad de la iniciativa.

En la mayoría de los casos, pequeñas sesiones de entrenamiento recreando escenarios posibles, apoyadas con sesiones informales de tipo quirúrgico, es decir, dirigidas a disipar cuestiones más específicas, son mucho más efectivas que hacer sentar a nuestra gente en largas y tediosas clases formales. El Capítulo Ocho describe su papel y el tipo de valores y conocimientos que usted necesitará transmitir a los demás mientras también supervisa la evolución del Proceso de Adopción.

La importancia de integrar los planes de cambio e implementación

El Plan de Adopción del Cambio no existe en medio de un vacío sino que se enmarca en un contexto. En el contexto de una iniciativa de cambio. De ahí que sea importante que se hilvane dentro del Plan de Implementación del Proyecto a fin de lograr una mayor repercusión. La ilustración que mostramos a continuación subraya cómo se consigue.

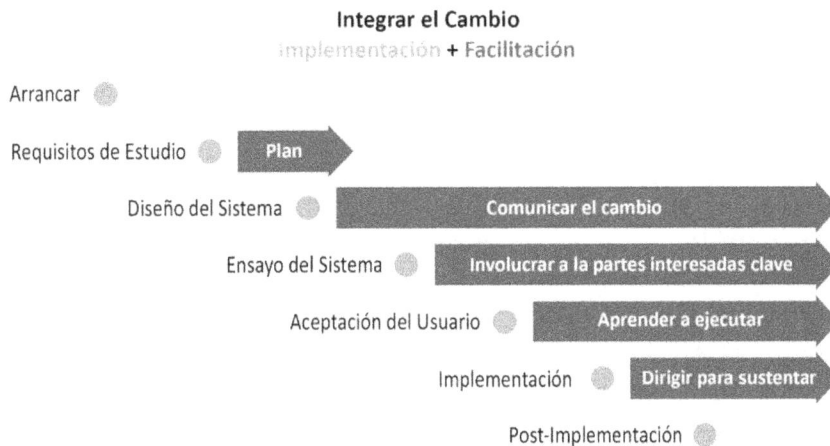

Figura 7 – Integrar la Facilitación y la Implementación del Cambio

Una vez que la configuración ha finalizado, podremos detallar más el Plan de Adopción reforzando así también la puesta en marcha del Plan de Implementación.

Planificar la Adopción del cambio es sólo el principio

Un plan sólido le garantiza que usted se centre en dar los pasos oportunos en tiempos de intensa transformación a su alrededor. Las preguntas que nos hacemos para validar un Plan de Adopción eficaz son sencillas, pero las respuestas pueden ser más complejas. ¿No le parece que es como la vida misma?

Preguntas que se pueden plantear antes de finalizar el plan:

- ¿Es el conjunto de la idea y los resultados deseables lo suficiente claro?
- ¿Su liderazgo dispone de compromisos y apoyos?
- ¿Puede cimentar más confianza cuidando de su gente?
- ¿Quién y qué debe compartir con las partes interesadas?
- ¿Qué puede hacer para fomentar la participación y la colaboración?
- ¿Cómo puede mejorar la adopción a partir del rendimiento del aprendizaje?

Si esas cuestiones se examinan a fondo en el Plan de Adopción del Cambio, creemos que está en el buen camino hacia algo que no sólo es viable sino que le permitirá elaborar un documento que ofrecerá a su equipo una "garantía extendida" para lograr lo que usted se ha propuesto conseguir.

¿A dónde vamos desde aquí?

Ahora es el momento de poner a prueba sus esfuerzos de planificación en el mundo real con todos los actores importantes. Este es el lugar en el que usted descubrirá en tiempo real cómo su propia curva de aprendizaje de su plan centrado en las personas responde al ponerse en marcha el ciclo de la Ruta Adaptada que ha preparado. Hemos encontrado que, como sucede en la vida, los elementos clave del proyecto se benefician de la observación cuidadosa y del análisis riguroso.

Como culminación del proceso de planificación, se propone un ejercicio de reflexión crítica que puede ser muy beneficioso. Mientras usted ha mantenido las inquietudes de las partes interesadas en mente, se ha centrado, como debe ser, en la creación de un Plan de Adopción al Cambio que sea a la vez eficaz y cumpla sus objetivos.

Sugerimos que su equipo tome seriamente en consideración esta oportunidad para involucrar la parte emotiva de sus cerebros con el ejercicio de visualización que proponemos en el capítulo siguiente.

El ejercicio que recomendamos hará que la parte emocional de sus cerebros se ponga a funcionar a toda máquina antes de que usted avance propiciando encuentros con las partes implicadas que le resultarán muy gratificantes. Aunque en algún momento le puedan desorientar, acabaran situándole en una posición superior y más favorable que le dará mucho peso y fuerza moral para la negociación.

Usted recordará con cariño los momentos de calma relativa que vivió al principio del proceso, durante la fase de estudio de predisposición al cambio, mientras evaluaban voluntades, tendencias y elaboraban estrategias para el éxito.

¡Anímese!

Todos los momentos en los que entonces sentía frustración porque pensaba que usted y su equipo no avanzaban lo suficientemente rápido ahora le darán sus frutos. Es probable que más de una vez diga: "Ah, por eso era que ese paso era necesario" o "*¿quién hubiera imaginado que tal mensaje lograría sumar al proyecto a ese inflexible grupo de pesimistas?*".

Reflexiones sobre cómo Planificar el Cambio

Aunque es práctica habitual en el mundo de los negocios acabar un plan de cambio y empezar a aplicarlo sin ningún tipo de reflexión, esperamos que tras leernos esté de acuerdo en que ese es un hábito poco recomendable. Pensamos que es como lanzarse en caída libre.

Este es un ejercicio para reflexionar en grupo porque ayuda a múltiples niveles. En un taller haga que su equipo considere cómo se pueden apoyar y "controlar" los unos a los otros a través de las fases de Concientización, Aceptación y Adopción.

Usted puede organizarlo de la siguiente manera:

1. Como un ejercicio de todo el grupo, haga que el equipo de Ejecución y el de Red de Apoyo piensen unas cuantas maneras distintas para apoyarse los unos a los otros.
2. En pares, un miembro de cada equipo, trabajarán esas ideas y elaborarán un plan con momentos decisivos para ambos que incluyan tanto la estrategia como el procedimiento de colaboración. También identificarán cómo maximizar los puntos fuertes respectivos y asumirán el reto de una relación continuada.
3. Todos informarán al resto de miembros para que así se beneficie todo el mundo.

¿En qué aspectos se notan estos beneficios?

- Se respetan cada vez más y aprenden mutuamente.
- La Red de Apoyo, probablemente una nueva figura en su organización, se incorpora al proceso de ejecución.
- Tienen a alguien cerca que les anima y les empuja a cuestionarse y pensar más allá.
- Su constante relación y las sesiones de retroalimentación con el resto del grupo genera conocimientos que mejoran el trabajo inmediato pero también el de futuros proyectos.

Implementar el Cambio

Rol de Liderazgo

Crear conciencia de la necesidad de cambio
Cultivar la aceptación del cambio
Facilitar la adopción del cambio

¿Por qué es esencial poner en práctica un cambio adaptado?

- Las tres etapas de toma de Conciencia, Aceptación y Adopción allanan el camino para la innovación sostenida.

- La promesa de liderar el cambio que importa se apoya totalmente en el compromiso activo de anteponer a las personas por encima de todo lo demás.

- Con el fin de lograr objetivos sostenibles, la mayoría de los más afectados deben admitirlo y actuar de forma proactiva para hacer frente a los retos que les esperan.

- La Red de Apoyo al Cambio continúa desempeñando un papel de incalculable valor para atraer a los grupos interesados y mantenerlos involucrados en el proceso.

Cualidades de un líder para implementar el Cambio Adaptado

- Practique la comunicación como compromiso consciente en cada una de las etapas de ejecución.

- Demuestre que lidera desde el frente estando siempre presente, disponible y asumiendo su responsabilidad.

- Impulse la interiorización de autocrítica continua - de sí mismo y de su equipo - para lograr los objetivos.

Estas cualidades son especialmente importantes en tiempos de cambio intenso, tanto planeado como imprevisto. Dado que el cambio es a menudo incómodo, personas de todos los niveles de su organización respirarán tranquilas si perciben su seguridad y compromiso.

CAPÍTULO SEIS
Crear Conciencia

Mientras se prepara para lanzar su campaña de sensibilización, su mantra debe ser "hay que llegar eficazmente a las partes interesadas." Cuando termine este capítulo, esperamos que ya se sienta miembro de los transformados por la reflexión; aquellos que tras leernos se preguntan cómo lograron manejar en el pasado cualquier tipo de cambio sin hacer de la toma de conciencia algo fundamental para su planificación, su enfoque, y su compromiso a seguir una Ruta Adaptada.

Mientras se involucra activamente a los grupos de las partes interesadas en el proceso, usted estará orquestando el flujo de acciones que se lleven a cabo en esta etapa. Después, su equipo seguirá colaborando con las partes interesadas. Si como esperamos, usted triunfa en sus iniciativas de cambio, cuando entren en la fase de Adopción, las partes interesadas se moverán hacia "el asiento del conductor". Para llegar a destino le conviene que también conduzcan.

Sin embargo, no nos adelantemos. Como líder, usted necesita mantener el punto de vista estratégico y los resultados positivos claramente en mente. Al mismo tiempo, estará involucrado activamente en liderar desde el frente mientras junto con su equipo ejecuta una campaña de Concientización que faculte el entendimiento con las partes interesadas que ya están deseosas de ser convencidas para aceptar el cambio.

El concepto de toma de conciencia va más allá de la definición estándar

¿Qué implica la toma de conciencia y por qué es necesaria para conseguir el compromiso para el cambio? En pocas palabras, tomar conciencia es cuando algo queda registrado en nuestro cerebro y permanece allí lo suficiente como para recordarlo.

Nuestros cerebros, sin embargo, son muy volubles.
Si un momento de toma de conciencia no responde a la pregunta *"¿Qué hay en ello para mí?"* la oportunidad para lograr una conciencia positiva, esa que se pega

a los receptores, se habrá perdido. Lamentablemente, eso no es válido cuando se trata de mantener esos momentos de conciencia negativa. Es por ello que continuamos recordando vívidamente los incidentes más vergonzosos de nuestra adolescencia pero no necesariamente nuestros éxitos durante ese período.

Lo esencial para el éxito es a menudo ignorado

Hay una razón por la que usamos el término "crear conciencia". Ello no ocurre automáticamente, especialmente porque el cambio es a menudo decidido en las salas de juntas y luego anunciado a los miembros directivos y al personal. Cuando eso sucede, los rumores, impulsados por el miedo, a menudo asumen el control. Para evitarlo, necesita crear campañas de Concientización emocionalmente integradas, basadas en los aportes de la Red de Apoyo al Cambio. Esto aumentará la probabilidad de que se logre ese punto de inflexión fundamental, un factor clave en la Ruta Adaptada para cambiar.

No nos cansaremos de hacer hincapié en esta idea: si no se crea Conciencia que apele a las emociones positivas de la gente, cualquier esperanza de desarrollo de Aceptación, que a la larga incluya la Adopción, está condenada al fracaso desde el principio. Haga una pausa y tómese su tiempo para permitir que este mensaje penetre en su modus operandi. Usted necesitará interiorizar estas palabras primero para que se las pueda vender a sus compañeros y demostrarlas en todas sus interacciones con los actores altamente impactados.

Todos los tipos de cambio -desde los relativamente simples orientados a acontecimientos concretos, hasta las más complejas iniciativas a largo plazo- pueden tropezar, y a menudo fatalmente, en cualquier etapa del proceso. Conviene que sea realista: la planificación, mientras que es absolutamente esencial, le resultará fácil en comparación con la fase de implementación que estamos a punto de explorar juntos. Una vez estén todos -excepto aquellos reductos más reacios- comprometidos con la esencia del proceso de cambio, usted estará agradecido de haber confiado en la Red de Apoyo para proporcionar a los actores claves la información privilegiada que obtenga de observar el paisaje emocional del cambio.

El uso de la palabra "emocional" es intencional. Como cualquier director de campaña de marketing, usted tiene una oportunidad para captar las emociones de sus grupos de interés. Y esta no será la última vez que haremos referencia al marketing como un modelo para conseguir las reacciones positivas deseadas cuando se presenta una nueva iniciativa. En un sentido amplio, todos nosotros comercializamos nuestra organización, nuestra misión, e incluso a nosotros mismos todo el tiempo. Al menos que lo hagamos justificada y conscientemente, potencialmente estamos enviando mensajes negativos en lugar de positivos. De ahí que nosotros siempre recomendemos a nuestros clientes que incorporen sus mejores directivos del área de marketing al proceso de cambio. Sus puntos de vista, especialmente en la fase de toma de conciencia, le serán de mucha utilidad.

Más allá de los tradicionales métodos de concientización

La forma tradicional es "Alta tecnología/baja relación". Sin embargo, en KDi preferimos aplicar "moderada a alta relación" para grupos de interesados directos altamente impactados porque para ellos el método tradicional -envío de avisos de correo electrónico para anunciar el cambio- no funciona. Pero eso usted ya lo sabe. Suponemos que eligió este libro, al menos en parte, porque usted quiere adoptar formas más efectivas para involucrar a personas que puedan contribuir o bien impedir su mandato para el cambio.

Esperamos que ahora ya pueda apreciar la razón de nuestra obstinación en la necesidad de potenciar la Red de Apoyo al Cambio como la piedra angular de sus esfuerzos de planificación e implementación. A pesar de ello, recuerde que es natural que el ser humano se resista a cambiar. Así que probablemente usted en estos momentos se pregunte: *"¿Por qué todo este esfuerzo cuando podemos pedirle al CEO que anuncie el cambio frente a las cámaras, publicarlo en nuestro sitio web e instruir a los supervisores para que se aseguren que todo el personal lo vea?"* La respuesta, por supuesto, es que la alta tecnología/baja relación no funciona cuando el objetivo es capturar el apoyo de los interesados a través de emociones positivas.

En este capítulo, más adelante, le demostraremos cómo, en cambio, el enfoque de uno-a- muchos puede funcionar muy bien cuando el evento incluye todos los elementos positivos de una alta relación. Para nosotros, una alta relación en la creación de campañas de concientización positivas significa siempre interacción cara a cara. Una teleconferencia, seguida de las actualizaciones pertinentes a un grupo de bajo impacto que fundamentalmente necesita acceso a información, puede ser suficiente. Sin embargo, no va a resultar una estrategia eficaz con empleados a los que el cambio va a comportar un impacto significativo en sus vidas.

La vigilancia consciente es fundamental. Sólo cuando usted comience la implementación con un plan de Concientización cuidadosamente elaborado podrá posicionarse fuertemente para lograr el ambiente en el que el apoyo crece más fuerte mientras que la resistencia se debilita.

Le recomendamos que concentre sus esfuerzos primero en la conversión de sus grupos de interés más altamente impactados. Usted nunca podrá incorporar a todos a su proyecto. Siempre habrá reacios. Es normal. Pero a medida que, primero, la toma de conciencia y, luego, la aceptación ganen fuerza, los resistentes empedernidos se van a quedar sin que nadie los escuche, excepto otros detractores por supuesto.

Conceptos básicos de comunicación y el toque de KDi

El Plan de Comunicación del Cambio se centra en las preocupaciones de los actores clave y mitiga el impacto de la transición para que los grupos de alto impacto estén más propensos a adaptarse.

Nuestra metodología adoptada y adaptada para la planificación de comunicación y centrada en entornos de partes interesadas de alto impacto, refuerza las estrategias para cada uno de los elementos fuertemente interconectados en el marco de las fases de Concientización, Aceptación y Adopción.

Además de los actores internos altamente impactados, puede resultarle necesario personalizar su enfoque de comunicación para socios estratégicos, como es el caso de vendedores, proveedores, clientes, público seleccionado, los sindicatos y los medios de comunicación. Mientras que los temas de comunicación global pueden utilizarse con todos los grupos de interesados, la estrategia utilizada y el estilo del mensaje tienen que ser adaptados específicamente para cada grupo en concreto.

Obviamente, el foco y profundidad a tratar individualmente con cada grupo depende del proyecto. Por ejemplo, ampliar las actividades con la máxima variedad de métodos de entrega que se nos ocurra podría ser necesario para aquellos interesados más fuertemente impactados, mientras que la planificación para la cobertura de los medios de comunicación a veces podrá ser tan sencillo como un simple kit de prensa ampliamente distribuido.

Planificación que combina tradición e innovación

Ahora nos enfocaremos en lo que con frecuencia ve en los libros sobre planificación de comunicación. No creemos que haya que abandonar estos principios, pero necesitan ser modificados de acuerdo a la Ruta Adaptada.

Cuando le proponemos nuevas estrategias basadas en el compromiso emocional, nuestra intención es darle una perspectiva fresca y luego continuar con principios tradicionales de comunicación más tácticos. Estos principios sustentan cualquier iniciativa de cambio exitosa pero, como ahora verá, lo que permite el cambio puede ser eficaz sólo cuando se pone atención al factor humano.

Cubrimos estos principios aquí porque, mientras que son esenciales para todo el proceso de implementación, es críticamente importante enfocarse en ellos en la etapa de Concientización. Revisaremos estos principios con ejemplos concretos en las etapas de Aceptación y Adopción.

Siempre es bueno partir de los principios de alto nivel estratégicos. Pero sería un craso error pensar que es suficiente con publicarlos en la pared de la sala de reuniones de su equipo. Estaremos guiándolo a través de un proceso que le permita personalizar a sus necesidades cada etapa de la Ruta Adaptada.

Piense en estos principios que aparecen a continuación como una lista de control estratégico. Personalícela basándose en sus necesidades, dele el contexto cultural concreto y entonces utilice su Red de Apoyo y el Equipo de Facilitación para validar e implementar su campaña.

- Comunique las decisiones antes de contactar con las partes interesadas.
- Elabore el perfil detallado de cada grupo de interés.
- Comunique proactivamente.
- Prepare una estrategia de comunicación a la carta según las necesidades específicas de cada grupo de interés.
- Asegúrese que todas las comunicaciones incluyan mecanismos de retroalimentación para que pueda conocer opiniones y reacciones.
- Sea honesto. Comunique las malas noticias, así como las buenas.
- Asegúrese que los mensajes sean consistentes en todos los niveles.
- Proporcione información puntual sobre sus decisiones y actos.
- Busque entendimiento utilizando todos los mecanismos de retroalimentación que pueda.
- Empatice con las partes interesadas, especialmente aquellas altamente impactadas por su proceso de cambio.

A esta altura del viaje que ha decidido emprender, le será muy útil revisar los aspectos tradicionales de planificación de su plan de comunicación antes de pasar a nuestro marco de Ruta Adaptada. Basándonos en lo que sabemos le ofrecerá su Red de Apoyo al Cambio, este momento se interpreta como el que le puede dar el impulso que su estrategia necesita para obtener una respuesta positiva de los actores que van a recibir mayor impacto.

Elementos de una estrategia de comunicación tradicional

- **Desarrollar y definir el proyecto**
  Como líder, usted controlará la fuente primaria de información. Su tarea es comunicarse de manera efectiva para que pueda dirigir y motivar al equipo del proyecto.

- **Crear un foro en el que se puedan intercambiar ideas**
  Permita que todo el equipo sepa que su contribución es valiosa. La comunicación es un diálogo y no un monólogo.
  El Plan de Comunicación del Cambio debe alentar y ajustar la interacción centrándose en las contribuciones más relevantes.

- **Clarificar los objetivos de comunicación**
  Los objetivos de una buena comunicación deben permitir que el proyecto se complete eficazmente y a tiempo. Esto ayudará a prevenir sorpresas, evitar duplicaciones, y revelar omisiones.

- **El Comité Directivo se involucra sin alterar su perspectiva estratégica**
  Este enfoque es diferente al estilo de gestión "puro" en el que el Equipo de Implementación funciona a diario de forma independiente. En el modelo tradicional, el Comité Directivo se ocupa de interesados de élite, socios, clientes grandes, gobierno y otros grupos de interés especial.

- **Comité Directivo se reúne menos y se mantiene estratégico**
  Esta forma proporciona una "pausa intencional" para identificar las lecciones aprendidas. También da tiempo para hacer modificaciones basadas en los comentarios de su Red de Apoyo al Cambio acerca de cómo los esfuerzos están progresando con los actores altamente impactados.

- **Delegar responsabilidades**
  Cada miembro del Equipo de Implementación debe saber cuáles son sus

responsabilidades particulares y a quién reporta. Todos deberían saber los objetivos de comunicación. Se recomienda utilizar diversos medios y métodos para mantener actualizada la comunicación y que todo el mundo esté informado. Esto incluye actualizaciones por correo electrónico, memorándums, encuentros cara a cara, e informes regulares de información restringida.

- **Establecer un calendario para novedades y comentarios**
  Además del intercambio diario de información, calendarice también las reuniones, y plazos para informes. Establezca una estrategia que mantenga al equipo motivado y estructurado. Esto también ayuda a priorizar las tareas.

- **Revisar el Plan de Comunicación para asegurar su eficacia**
  Busque la contribución del equipo. *¿Se comunica la información necesaria de manera oportuna? Si no, ¿qué mejoras se pueden hacer?*

Estos principios de comunicación clásicos son sólidos, pero nuestra experiencia nos dice que no serán suficientes para iniciar y sostener iniciativas de cambio. Hacemos hincapié en que la planificación sólo es valiosa en la medida en que personaliza un plan dinámicamente basado en su cultura, incorporando conocimientos sobre las necesidades de las partes interesadas y los esfuerzos que les permitirán que se sumen a su proyecto.

Ahora es el momento oportuno para hacer una advertencia. El plan más excelente jamás concebido es inútil a menos que sea la columna vertebral para la implementación. Encontrará minas a lo largo de todo el proceso de implementación. Elegimos el término "minas" deliberadamente. Cuando la dirección pisa una mina, el daño es inmediato, y el daño colateral debe ser tratado con decisión y de forma proactiva. Anticipe tantas minas como sea posible y sea proactivo en rectificar lo que no funciona. Utilice la Red de Apoyo al Cambio como si se tratara de detectores humanos para localizar esas minas antes de que exploten.

Crear campañas de sensibilización es un trabajo interno

Las estrategias de la iniciativa de cambio deben surgir de las etapas de planificación, interiorizadas y lideradas por el Equipo de Facilitación del

Cambio. Nuestro rol con los clientes es inducirlos, inspirarlos y ayudarlos con el enfoque estratégico. Al igual que un director de escena, creemos que nuestro papel es trabajar entre bastidores para ayudarle a trasladar los objetivos marcados en la fase de Concientización a la de Aceptación y que sea recibida con optimismo.

Si usted depende de consultores externos para un papel que no sea otro que el de colaborar en el entrenamiento, está entregando el poder a extraños que comprenden el marketing pero no los poderosos matices que hace grande y especial su cultura organizacional. El resultado final puede ser pulido y atractivo, pero le faltará la integridad y la pasión que solo los propios pueden proporcionar al comienzo de una iniciativa de cambio.

Sin embargo, después de que usted tenga clara la estrategia y métodos para su campaña, no tema pedir ayuda externa, incluyendo diseñadores gráficos, administradores de web y otros expertos con habilidades específicas que le falten internamente.

Mientras trabaja con consultores externos, le aconsejamos que confíe en su reacción y la de su Red de Apoyo al Cambio para asegurar que sus conceptos se transmiten.

Recomendamos a nuestros clientes que ensayen cada campaña de comunicación con un pequeño grupo de partes interesadas de su confianza, haciendo una prueba piloto antes de que la campaña sea pública. Creemos que esto es algo aconsejable de hacer antes de correr el riesgo de poner en marcha una campaña que la gerencia cree es perfecta pero que podría padecer una muerte lenta y dolorosa tras lanzarla a grupos de interés de alto impacto. Así podrá hacer ajustes.

Esto merece la pena repetirlo: al igual que en el marketing tradicional, usted tiene sólo una oportunidad para causar una buena impresión. Las segundas oportunidades se dan a un precio muy alto y generalmente requieren de una maquinaria pesada para sacar el proyecto del hoyo que ha cavado para sí mismo.

Crear ideas que se pegan es una prioridad

En esta sección del libro, nos referiremos con frecuencia a la idea de "enganchar". Creemos tan profundamente en el concepto que recomendamos que compre copias del libro de Chip Heath y Dan Heath *Ideas que Pegan* para su equipo. Está a rebosar de sugerencias para reforzar el papel esencial de los mensajes emocionales que suenan con fuerza.

Las ideas que pegan siempre son congruentes con su cultura geográfica, así como la cultura de su organización. Los países emergentes tienen una ventaja porque están más cerca de su patrimonio cultural como forma de entender la vida. Eso es particularmente cierto en aquellos lugares en los que el poder de la historia entra en juego.

Términos tales como "enganchar" y "punto de inflexión" requieren fuertes imágenes visuales. Tenga en cuenta que los temas deben motivar la interpretación individual de las personas como una historia personal o emoción. El cerebro humano puede tomar un fragmento de música, una sola imagen o animación sencilla y crear una versión personalizada de la historia. Una vez que los interesados hayan hecho "suyo" un eslogan, un tema o una historia, es una señal segura de que la campaña de concientización es eficaz. Eso no significa que se haya ganado la batalla, pero usted es percibido de manera positiva. De todas formas, la Red de Apoyo y los que desempeñen tareas de supervisar han de poder controlar situaciones en las que los grupos de partes interesadas de alto impacto puedan haber entendido mal la intención de la campaña de Concientización.

Y por supuesto, no olvide que dentro de cualquier organización existen diversas subculturas basadas en múltiples factores incluyendo antecedentes educativos, edad, género y etnicidad. Le recomendamos encarecidamente que preste atención a esas diferencias, no sólo para una campaña puntual sino también como un valor fundamental de la manera de sostener y hacer crecer su negocio.

Métodos de la Ruta Adaptada para generar compromiso

Tanto el elemento visual como el tema de la historia que decida transmitir deben hablar un lenguaje universal con los grupos de interés internos y externos. Por ello, entendemos que estos elementos han de ser positiva y emocionalmente significativos para que la gente pueda transitar desde la Conciencia a la Aceptación. Esta es una distinción importante. Por norma general, los diferentes niveles de una organización piensan diferente y se comunican dentro de esa diferencia. Esto es un reto para los comunicadores. Ellos pueden necesitar salir conscientemente de su estilo para ser eficaces con todos los grupos. Esto es particularmente cierto cuando usted se mueve del estilo de comunicación estratégica de liderazgo al estilo concreto del personal de línea.

Estamos de acuerdo con Rosabeth Moss Kanter, una profesora de administración de empresas de Harvard, cuando dice que la marca de un concepto implica tres principios:

- Los mensajes claros, memorables y sucintos son la base de una campaña de cambio. Hay que elaborar un mensaje que sea emocionalmente convincente y fácil de repetir.

- La gente recuerda historias mejor que números o hechos. Contar historias acerca de por qué es importante el cambio o ilustrar los beneficios del cambio.

- Para que cualquier campaña tenga éxito, el público necesita saber lo que pueden hacer. Sea claro acerca de la acción que usted quiere que su gente tome y las formas en que pueden empezar a ayudar inmediatamente.

Para cada una de las etapas de implementación, recomendamos planificar estratégicamente y luego llenar una cuadrícula donde cuidadosamente se identifique necesidades, actores altamente impactados, sistemas y métodos para evaluar la estrategia.

Esto no debería hacerse superficialmente. Es su mapa de ruta. En él incorporará la información que le facilite la Red de Apoyo al Cambio, su enlace con las partes interesadas. Además de considerar por separado cada categoría, asegúrese de que las opciones de entrega tengan un flujo lógico y dinámico para incrementar todos los factores importantes de conciencia.

Conceptos para desplegar su campaña de Concientización

Las iniciativas exitosas necesitan incluir todos estos componentes:

- Llamar la atención de las partes interesadas a través de lo inesperado.
- Aumento de comprensión mediante mensajes concretos.
- Hacer su comunicación creíble porque usted cree en lo que dice.
- Asegúrese de la "adherencia" cuidando apasionadamente el mensaje.
- Utilice historias para demostrar el poder de su compromiso.

Plan de Comunicación del Cambio

La cuadrícula inferior surgió de nuestro diálogo reflexivo y ha sido validada a través de nuestros compromisos con los clientes. Mientras que las diversas formas posibles para presentar el cambio son esenciales para el éxito en esta etapa, el cómo y de qué manera usted las utilice son decisiones que sólo usted y su equipo pueden tomar, basándose en factores específicos de su caso concreto.

Teniendo muy presente que el Plan de Comunicación del Cambio es fundamental, estos elementos tendrán papeles primarios o secundarios a medida que vaya avanzando en el ciclo de Ruta Adaptada.

Necesidades Esenciales	Interesados Afectados	Presentación Adecuada	Elegir según Necesidades	Evaluar la Valía de la Intervención
Proporcionar información pertinente y actual.	Todos son afectados.	**Estrategia** para reforzar otras opciones de presentación	Cada interesado recibe la información personalizada de acuerdo a su función de trabajo.	Identificar si los interesados obtienen lo que necesitan con comunicaciones convincentes y exactas.
Hacer creíble y convincente el mensaje.	Todos, desde el presidente hasta el albacea de beneficios.	**La marca** Utilizando metáforas como lemas.	El logotipo y la frase correctos tienen el poder de unir en vez de dividir.	La Red de Apoyo al Cambio vela los niveles de toma de conciencia.
Conquistar la imaginación para identificarse con los grupos de interés.	Grupos altamente impactados, dentro o fuera de la empresa.	**La Historia** Cada negocio tiene la suya. Compártala para que su visión llegue mejor.	Ayuda a las partes interesadas a comprender qué es lo que está en juego para ellos.	Averigüe si el contenido de la historia cala entre sus empleados y si hablan de ello.

Necesidades Esenciales	Interesados Afectados	Presentación Adecuada	Elegir según Necesidades	Evaluar la Valía de la Intervención
Recopilar y tomar en consideración las reacciones de las partes interesadas.	A través de la Red de Apoyo al Cambio.	**Sesiones** para recibir la **opinión** de los demás de primera mano.	Confirma que escucha de forma activa.	Incorporar los cambios en los mensajes clave.
Respetar las inquietudes de los interesados.	Fijarse especialmente en los altamente afectados y en los más vulnerables.	**Las sesiones se harán en persona y, si hace falta, de forma individual con los cargos superiores.**	Respeta a los interesados tomando en consideración sus inquietudes.	Un miembro del Equipo Informa periódicamente la dirección sobre las inquietudes de los grupos interesados.
Mantener al corriente con información precisa y adaptada a todos los subgrupos identificados.	Grupos de interés de alto impacto.	**Presentación continuada** Lista de preguntas más frecuentes, Boletines, Sitios web…	Muestra transparencia y genera confianza.	Evalúa cómo estos modos logran su propósito.

Hay que comunicar sin perder de vista qué busca con el cambio

Para ello, haga el ejercicio de responder a las siguientes preguntas:

- ¿Quién necesita la información para tomar conciencia del cambio?
- ¿Qué expectativas persigue cumplir?
- ¿Cuánta información necesita diseminar?
- ¿Con qué frecuencia necesita diseminar?
- ¿Cómo usted asegura la consistencia en la comunicación?
- ¿Qué canales de comunicación necesita utilizar?

No se olvide que cada grupo de afectados es único y especial

Tomamos prestado de las campañas de marketing más exitosas la pauta de recopilar el máximo de datos relevantes antes de ponerla en marcha. Para ello, le recomendamos que su equipo cree un perfil de cada grupo de afectados.

Un buen perfil demográfico comienza recopilando datos básicos sobre los empleados, en función de la descripción del trabajo que desempeñan. Pero no debe detenerse ahí. Recuerde que su Red de Apoyo al Cambio tiene representantes en cada departamento. Ellos deben encargarse de personalizar esos perfiles demográficos generales iniciales. Ampliar sus datos y profundizar su conocimiento sobre la cultura laboral de sus empleados le será extremadamente beneficioso, ahora y en el futuro.

Cada grupo de interés tiene sus propias necesidades que vienen definidas por sus roles y grado de participación. Por ejemplo, se podrían agrupar según funciones de trabajo, nivel de autoridad para tomar decisiones, o sus relaciones con los clientes.

Fijar expectativas claras

- ¿Cuáles son los temas principales?
- ¿Qué objetivos logrará el cambio?
- ¿Cómo los temas principales generarán problemas si no se abordan?
- ¿Cuál es la lógica detrás de cada cambio sugerido?
- ¿Cuál es el proceso de toma de decisiones?
- ¿Quiénes son los principales actores del cambio?
- ¿Cuál es el mejor momento para recibir opiniones y sugerencias?

Hágase preguntas clave mientras planea el lanzamiento

- ¿He dado con el mensaje correcto?
- ¿Tengo el mensajero adecuado para entregar el mensaje?
- ¿Uso eficazmente múltiples canales para transmitir el mensaje?
- ¿Repito el mensaje suficientes veces?
- ¿Utilizo la comunicación cara a cara y actúo en consecuencia?
- ¿Llega el mensaje a todas las partes interesadas afectadas?
- Si no es así, ¿cómo debería personalizar el mensaje para llegar a todos?

Pruebe una forma diferente de lo que siempre ha hecho

Las estrategias nunca deben elegirse simplemente porque "esa es la forma en que lo hemos hecho siempre aquí". Haga tabla rasa y dé una mirada nueva y sin prejuicios a absolutamente todo. Esto le dará la oportunidad de determinar cómo armar el rompecabezas. Como señala Nancy, "esa perspectiva fresca le permitirá ver con mayor claridad decisiones relativas a su mensaje esencial, cuál es el mejor embajador para entregar ese mensaje, y qué canal es el más apropiado para que la entrega sea óptima".

Gestione la comunicación estratégicamente 24/7

Existe una fuerte relación entre la receptividad del individuo para el cambio y la calidad de la comunicación acerca de la iniciativa. Usted tiene que empezar con un enfoque de comunicación estratégica, continuar con tácticas que desarrollen un entorno favorable para una respuesta emocional positiva, y respaldar sus esfuerzos mediante la fuerza que ofrece la comunicación digital 24/7. Este respaldo debe ser constantemente monitoreado y modificado si es necesario, en función a las opiniones y reacciones que su equipo está recogiendo de todas las partes interesadas.

Las ventajas de una comunicación centrada en las personas

- Aclara dudas y ayude a comprender mejor el proyecto.
- Reduce la resistencia al cambio y crea una fuerza laboral mejor informada que colabora para lograr los beneficios del cambio.
- Une los equipos que empujan en la misma dirección.
- Ofrece un marco interactivo para una comunicación continua.
- Refuerza los mensajes positivos que apoyan los objetivos.

La importancia de medir los niveles de comunicación

- Demasiada información conduce a la confusión y puede saturar.
- La información precisa y oportuna es la clave.
- Repita los mensajes a través de múltiples canales, así logrará el máximo impacto.
- Adapte la comunicación a las necesidades de cada grupo de interés.

¿Por qué conviene monitorear la consistencia de la comunicación?

- La desinformación es más común de lo que usted piensa.
- Minimice la desinformación respondiendo rápidamente a los rumores
- Los mensajes-contenido deben tener un estilo consistente y presentarse en un lenguaje sencillo y conciso.
- El núcleo directivo del proyecto debe administrar la difusión de manera centralizada.

La nueva cara del concepto de marca: piense qué le conviene a usted

¿No es acaso la marca algo que los expertos de marketing hacen para que usted compre cosas que no necesita? Tal vez, pero la marca es poderosa emocionalmente y tiene integridad si usted la usa conscientemente y por el bien común.

Seth Godin, autor y experto en marketing online, nos recuerda que antes una marca solía ser un logo o un diseño, pero que ahora se ha transformado en algo más contextual. "El valor de una marca es simplemente la suma total de cuanta más gente pagará por ella", dice, "o cuantas veces eligen, las expectativas, recuerdos, historias y relaciones de una marca sobre otras alternativas".

Mientras buscamos un nuevo rostro para el concepto de marca congruente con nuestra filosofía, todavía hay un lugar para usar la idea tradicional. Cuando piensa en una marca global como, por ejemplo, Apple, la ahora famosa imagen de la manzana le viene inmediatamente a la mente. Si su organización tiene una marca visual o un eslogan como el de Apple, contémplelo desde una perspectiva diferente, arriesgada, fuera de lo común, y úselo para ayudar a su campaña.

Antes de que piense en utilizar la marca de su organización como base para crear un tema para su proyecto de cambio, pregúntese:

- ¿Nuestra marca tiene trayectoria y credibilidad?
- ¿Tiene un mensaje que se "engancha"?
- ¿Resonará el mensaje con los más afectados y más importantes grupos de partes interesadas?
- ¿Podrá adaptarse a aplicaciones multisensoriales? ¿Puede contar una historia visual, reconocible para todos?
- ¿Se imagina a los interesados adaptando el eslogan, y haciéndoselo suyo cuando hablen del proyecto?

En cualquier caso, aunque decida lanzar su marca públicamente durante el proceso de cambio, a usted le irá bien utilizarla internamente para cohesionar y mantener a su equipo enfocado a lo largo de los ciclos de planificación e implementación.

Una forma colateral de utilizar su marca como estrategia es identificar un tema relevante, que sintonice con un grupo particular de las partes interesadas. Por ejemplo, si su empresa se muda a una nueva ubicación y desea obtener el apoyo de sus empleados, se puede emplear un lema como "Nos Estamos Mudando de Casa".

Los actores que reciben un impacto más alto son sus empleados. Como todos ellos velan por su propia familia, y probablemente han hecho alguna mudanza, serán capaces de identificar inmediatamente cómo esto les afectará personalmente.

Las historias dan vida a su significado emocional

Si usted y su equipo pueden elaborar una historia poderosa, auténtica y sencilla, la pueden usar de muchas maneras, y les permitirá captar la atención de las personas y llegar a su núcleo emocional.

Las historias no son sólo para niños. Algunos de los atributos que nos hacen humanos es que tenemos la capacidad de hablar, oír, y entender el sentido de las historias. A través del tiempo, mucho antes que la gente viajara a otras tierras, las historias fueron la piedra angular de todas las civilizaciones. Como resultado, las historias no sólo llevaron cultura. Roger Schank, un científico cognitivo, igual que otros en su campo, han demostrado que nuestro cerebro comprende el mundo a través de esos relatos de vida. Incluso una sola palabra puede narrar una intensa historia si tiene significado tanto para el narrador como para el oyente.

Nancy recuerda el impacto de una poderosa historia que escuchó hace años.

Un día, a mediados de los 90, cuando estaba viviendo en Asia, asistí a una conferencia sobre gestión del conocimiento. El panel de ponentes era de alto nivel y la sala estaba repleta. Uno de los oradores era un académico americano que centró su charla en las dimensiones visibles o escondidas que afectan al cambio organizacional. Cuando explicaba cómo nuestra mentalidad y forma de ver las cosas está afectada por las creencias, suposiciones y miedos que permanecen ocultos en nuestro subconsciente lo comparó con los cocodrilos del subterráneo de Singapur. La existencia de cocodrilos en las alcantarillas de Singapur no es una leyenda urbana. Es rara la vez que suben a la superficie pero todo el mundo sabe que existen. No se habla de ello, sin embargo el temor permanece escondido en la mente de los singapurenses.

Su intención era demostrar que la información que recibimos es totalmente diferente de la que chapotea en las alcantarillas de nuestro inconsciente hasta el punto de poder dominarnos. La sala quedó en silencio. Generalmente no pensamos en cómo toda esa información escondida en nuestro cerebro afecta nuestra interpretación de las cosas y nuestras acciones. Con su comparación, el conferenciante intentaba explicar que la gente reacciona de forma diferente ante el cambio por la influencia de nuestro pensamiento subterráneo. La audiencia quedó fascinada con el ejemplo.

Este académico fue capaz de trascender las diferencias culturales interesándose con los locales sobre sus mitos e iconos culturales. Él sabía que necesitaba captar a su audiencia y fue en busca de una historia persuasiva que pudiera identificarse con su discurso y, a la vez, tuviera una conexión humana con la audiencia. Esto es lo que debemos hacer cuando es imperativo que capturemos las mentes y los corazones de nuestros grupos de interés.

Nancy no recuerda quién fue el orador, pero no se ha olvidado de la historia y de eso trata la "adherencia" de la que hablábamos al principio del capítulo. Ese narrador hizo sus deberes, y se ganó a la gente. ¿Qué tiene que ver esto con la implementación de un Plan de Comunicación del Cambio? La respuesta corta es "todo". Si encuentra la historia o la imagen apropiada llegará directa y potente a múltiples audiencias. Su mensaje llegará para permanecer.

Utilice la metáfora para garantizar la adherencia

Steven Covey, un profesor universitario y autor del libro *Los Siete Hábitos de la Gente Altamente Efectiva*, era un maestro del poder del lenguaje expresivo y utilizó metáforas sobre los seres humanos para garantizar la adherencia. Al hacerlo, hizo una poderosa declaración sobre el desafío que representa la necesidad de conquistar una reacción emocional positiva de los empleados.

En su libro, *El Octavo Hábito*, Covey describe una encuesta basada en entrevistas con 23.000 empleados de diversas empresas.

- Sólo el 37 por ciento dijo que tenían una clara comprensión de lo que su organización estaba tratando de lograr y por qué.
- Sólo uno de cada cinco estaba entusiasmado con los objetivos de su equipo y organización.
- Sólo uno de cada cinco dijo que tenía una idea clara sobre sus tareas y el objetivo organizacional del equipo.
- Sólo el 15 por ciento pensaba que su organización les permitía ejecutar los objetivos.
- Sólo el 20 por ciento tenía plena confianza en la organización para la cual trabajaban.

Este es un resumen sucinto y frío de la realidad pero es muy abstracto. Considere cómo estas estadísticas cobran vida cuando Covey utiliza los mismos números en el contexto de un partido de fútbol.

> Si un equipo de fútbol tiene estos mismos resultados, sólo 4 de los 11 jugadores en el campo sabrían qué se espera de ellos." Sólo a 2 de los 11 les importaría saberlo. Sólo 2 de los 11 sabrían en qué posición juegan y sabrían exactamente lo que deben hacer. Y todos menos 2 jugadores, de alguna manera, estarían compitiendo en contra de su propio equipo en vez de hacerlo con su oponente."

Las sesiones de retroalimentación son una poderosa herramienta

Las sesiones de retroalimentación son muy útiles cuando se trabaja para conocer a fondo las inquietudes de las partes interesadas. El facilitador escucha, hace preguntas que sirven a la vez de guía para exteriorizar opiniones, y se nutre de las preocupaciones que percibe para llegar después a acuerdos o aclaraciones. Creemos que es absolutamente esencial escuchar y responder a las partes interesadas así como dirigir sus comentarios hacia la administración superior.

Estos facilitadores necesitan salir conscientemente de su estilo operacional normal para ser eficaces con los demás. Esto es particularmente cierto cuando pasan de la comunicación estratégica, que aplican en la parte alta de la estructura organizativa, al estilo concreto utilizado con los empleados quienes están más centrados en cuestiones de interés individual.

La relación de los actores con la dirección empieza desde arriba

No se trata de estrategias que se supone funcionan. Se trata de llegar al núcleo de los problemas que pueda haber de comunicación y de demostrar flexibilidad al responder decisivamente con toda la inteligencia emocional que pueda reunir usted y su equipo.

En nuestras relaciones con los clientes, hemos encontrado que la comunicación con diversos grupos de interés a menudo puede ser un paso difícil, pero con el entrenamiento adecuado, y el ambiente propicio, la dirección puede llegar a sentirse confortable e incluso cómoda al sentir que está contribuyendo a modelar el cambio promoviendo una conversación genuina entre las partes.

Le puede ser útil recordar que usted ya maneja perfectamente las diferencias de estilo de comunicación en su vida personal. Piense que usted es esencialmente la misma persona cuando se relaciona con su vecino, su suegra o sus hijos. Pero el estilo de comunicación es diferente en cada una de estas relaciones. Cuando se trata de comunicarse en el ámbito de la empresa ocurre lo mismo. Usted adapta su estilo al interlocutor. Cuando una iniciativa de cambio fracasa no es únicamente porque la parte de arriba de la cadena no ha hecho lo suficiente. También puede fracasar porque no ha recibido suficientes apoyos por el extremo opuesto.

Haga una presentación a medida de cada grupo de interés

En la definición de su estrategia de comunicación, hemos identificado y ampliamente ensayado estos principios fundamentales:

- Los cambios deberán ser comunicados con antelación y tan específicamente como sea posible. Mientras más drástico sea el cambio, mayor será el plazo que su gente necesitará para absorberlo.
- La comunicación debe empezar siempre con las partes interesadas dentro de la organización para después pasar a la comunicación con

los interesados externos.

- Buscará activamente la opinión y las sugerencias de las diferentes partes interesadas, y les comunicará todas las acciones que emprenda.

Usted necesita:

- Dar a las partes interesadas internas el calendario de actos de mayor relevancia y el Plan de Comunicación del Cambio preparado para las partes interesadas externas.
- Proporcionar materiales de información y preguntas más frecuentes que puedan surgir en diferentes etapas de la transición del proyecto, así como respuestas a las preguntas más comunes.
- Buscar activamente la retroalimentación de las partes interesadas en la actualización de preguntas frecuentes.
- De forma periódica, actualizar todos los materiales, colocarlos en la intranet corporativa y hacerlos disponibles a los interesados.

Recuerde que los boletines de noticias, las preguntas frecuentes y las hojas informativas no deben nunca considerarse el principal medio para tener a las partes interesadas a bordo y comprometidas. Sin embargo, tener la información correcta disponible 24/7 puede prevenir rumores y mantener la posición de rechazo y de "brazos cruzados" al mínimo.

Si surge un tema polémico, estos canales de entrega no son lo suficientemente eficaces. Por lo tanto, no los recomendamos como una respuesta adecuada cuando surgen situaciones de polarización. Sin embargo es bueno tenerlos a mano en su kit de herramientas estratégicas porque le ayudarán a reaccionar de forma rápida y positivamente.

Habitualmente, los boletines informativos combinan la información con las anécdotas y son necesarios. Las versiones electrónicas han ganado popularidad en los últimos años. Sin embargo es tentador eliminarlos antes de leerlos cuando llegan por correo electrónico. Le resultará mucho más efectivo publicar boletines en la Página Web de la intranet del proyecto como si fueran artículos sobre el cambio que promueve, o incluso dar la opción de descarga para que las partes interesadas pueda elegir cuándo y en qué forma los quieren leer. Si los boletines están bien diseñados y captan la atención, también pueden diseminarse en los lugares donde los empleados se reúnen regularmente cuando quieren obtener información actualizada.

El contenido de la lista de PP.FF. ha de ser potente y relevante

Todas aquellas materias que pensamos pueden formar parte de la lista de PP.FF. -preguntas frecuentes- requieren respuestas concisas. Generalmente, las partes interesadas las leen antes de hacer más preguntas. Las preguntas frecuentes y sus respuestas también sirven para proporcionar autoayuda a las personas que son nuevas en un área específica del proyecto.

Pero, ¿qué falta aquí? ¿Ha perdido la cuenta de las veces que intentó obtener una respuesta online de su banco online o un producto que compró sólo porque las Preguntas Frecuentes (PP.FF.) le resultaron extremadamente frustrantes y probablemente inútiles para resolver su problema? ¿Cómo puede evitar esto? En lugar de tener un editor para su boletín que trabaja aislado de las partes altamente impactadas, pregunte a su Red de Apoyo al Cambio y a los supervisores de las partes interesadas cuáles creen ellos que deben ser las preguntas más frecuentes. Luego dé a alguien la responsabilidad de actualizar esas preguntas y de responderlas teniendo en cuenta toda la información que les ha llegado por la vía de retroalimentación. Déjenos aquí enfatizar algo: la información que siempre estará disponible en su intranet o en la web actúa como refuerzo, nunca será un reemplazo, ni nunca sustituirá la comunicación cara a cara.

Hojas informativas cortas, pertinentes y respondiendo a una sola cuestión

Las hojas informativas tienen la función de diseccionar información complicada en pedazos más digeribles. Tienen mayor impacto si responden a una sola pregunta o temática. Cada sección de la hoja llevará su título para guiar al lector captando su atención. Cuando se deban cubrir varios temas, es mejor crear hojas separadas.

Hojas informativas con contenidos deliberados le ayudarán a evitar crear múltiples cartas o dar largas explicaciones por el teléfono. La información proporcionada debe ser clara, concisa, y coherente.

Campañas innovadoras para los actores de alto impacto

Le sugerimos que lea esta sección dos veces y la segunda vez, anote qué aspectos, según usted, convertirán su campaña de concientización en eficaz, arriesgada e innovadora. Será interesante comparar sus observaciones con las notas que le ofrecerá el Equipo de Implementación.

¿Recuerda la compañía que decidió trasladar su planta de fabricación? Envió un memorándum a todos sus empleados y luego se planeó la mudanza. ¿Se imagina los rumores, la murmuración, y la negatividad que se extendió por la compañía mientras se produjo el anuncio y se pasó a la acción, a medida que se acercaba la fecha de su mudanza? El lapso de tiempo fue demasiado largo.

Pero ¿Qué hubiera pasado si el Director Ejecutivo hubiera convocado a una Red de Apoyo al Cambio con un representante de cada uno de los departamentos de la empresa? Recreemos que pudo haber ocurrido en esa hipotética situación:

La Red de Apoyo suministró información para diseñar un Plan de Comunicación del Cambio enfocándose en ayudar a los empleados a enfrentarse de forma proactiva con la mudanza. En todas las comunicaciones se reiteró un solo lema: "Nos Mudamos de Casa". La gente se identificó con este concepto porque la mayoría pudo asociarlo a situaciones que ellos habían experimentado en sus vidas personales. Todo el mundo sabe qué acarrea mudarse de casa y ese hecho facilita la comprensión.

El Director Ejecutivo convoca una reunión general para hacer un anuncio sobre la mudanza. El personal esta tan curioso como nervioso. El Director Ejecutivo se sitúa en el escenario con un micrófono para que todos oigan bien. Su postura y actitud expresará inclusión y confiabilidad a la audiencia.

> "Hemos acordado que debemos trasladar la planta a una nueva ubicación", dice el CEO. Esto es parecido a cuando ustedes se han mudado de casa. Este traslado nos obliga a considerar pros y contras. Será complicado por un tiempo pero nos dará espacio para crecer y facilitará el acceso a nuestros clientes. Cuando prosperemos, sus trabajos serán más seguros.
>
> Aunque sabemos que esto les puede crear molestias en su vida personal mientras realizan ajustes, por ejemplo, en sus desplazamientos para llegar al trabajo, queremos hacerlo lo más fácil posible para todos. Así que hemos configurado una Red de Apoyo al Cambio. Alguien de su departamento está en ese equipo.
>
> Si mira alrededor, usted verá a esa persona sosteniendo un gran cartel con el nombre de su departamento. Siga a esa persona, y llegará a una sala donde le está esperando el almuerzo. Durante el almuerzo, se le pedirá que haga sugerencias de lo que, según usted,

haría esta mudanza más fácil y eficiente. Todas las sugerencias serán bien recibidas y consideradas. Un directivo elegirá el departamento con las mejores sugerencias, y a todos en ese departamento se les dará un permiso retribuido de un día extra durante el próximo año.

Antes de comenzar las operaciones en la nueva planta, vamos a tener una fiesta. Todos ustedes y sus familia serán nuestros invitados de honor. Lo celebraremos con entretenimiento, buena comida y música. Podrá pasear por todas las instalaciones, incluyendo mi oficina y echar un vistazo, con su familia, en el área donde usted trabajará. Así se familiarizará con su nueva casa.

Esta mudanza hará que nuestro negocio sea más fuerte. Pero no olviden que para nosotros cada uno de ustedes constituye lo más importante para nuestro negocio.

Disfrute de su almuerzo, traiga sus mejores ideas y luego hable con su supervisor si necesita ayuda con las complicaciones causadas por la mudanza. Dentro de un año, cuando hayamos estado el tiempo suficiente en la nueva ubicación como para estar ya aposentados, tendremos otra celebración".

¿Qué elementos de un plan de calidad encajan en este ejemplo?

El Director Ejecutivo envía un mensaje dirigido, respetuoso y luego pasa el peso de la reunión a los supervisores. Él los ve -y así los presenta- como los más eficaces mentores y motivadores de los equipos de la empresa y los convierte en el grupo más disponible para preguntas e inquietudes de los trabajadores. Observe cómo el CEO siembra tranquilidad y validación. Se aceptan las preocupaciones y se ofrecen incentivos. Por su parte, los empleados tienen una inmediata oportunidad de hablar y estar involucrados en solucionar los desafíos de la "mudanza".

Probablemente usted estará de acuerdo con nosotros en que este enfoque es un excelente guion para la ocasión. Al final del día, es la sinceridad y la integridad del Director Ejecutivo lo que hace o impide este enfoque de comunicación.

Cuando se hace un anuncio de este tipo de forma apropiada, muy a menudo se interpreta como un éxito. Sin embargo, este es simplemente un buen comienzo.

Aunque el proyecto descrito anteriormente es bastante sencillo – tiene una meta finita y es impulsado por un evento en lugar de un proceso – podría acabar siendo un fracaso estrepitoso. Considere las consecuencias si los empleados acabaran descubriendo que sus sugerencias nunca fueron tomadas en cuenta, o si la celebración en las nuevas instalaciones hubiera sido mal planeada y ejecutada. ¿Qué podría pasar si no se cumpliera la palabra dada?

La empresa acabaría encontrándose con un nuevo local habitado por empleados descontentos y poco motivados.
Recuerde que primero debe buscar la Conciencia y luego la Aceptación de un plan que necesita del apoyo de las principales partes interesadas para alcanzar el éxito, y que involucra no sólo el compromiso, sino también el cumplimiento de sus promesas.

Usted y su equipo necesitan constantemente entender más, y cuidar más, la dirección estratégica. Para vender su visión con éxito, usted tiene que respetar sinceramente y atender a sus empleados, quienes seguro tienen una agenda decididamente más concreta que la suya por la cual ellos decidirán si apoyan -o no- la innovación.

Entonces, ¿cómo podría usted preparar a su Director General para una presentación sobre el cambio propuesto?

Aquí tiene una simple abreviación que sintetiza el concepto de Toma de Conciencia diseñada para capturar las emociones:
- **B**reve
- **R**espetuoso
- **I**nteresante
- **I**mportante

¿Existe algún riesgo en este innovador enfoque de la estrategia? Absolutamente, pero hay un mayor riesgo de fracaso si se recurre al enfoque de alta tecnología/ baja relación en lugar del modelado de innovación. ¿Funciona para todos este enfoque que le hemos presentado? Claramente, la respuesta es no. Empleando las estrategias que le recomendamos, su equipo será capaz de ejecutar una campaña basada en un estilo emocional congruente que se adapta a la cultura de su organización.

¿A dónde vamos desde aquí?

Nuestro marco tiene tres fases bien diferenciadas con un objetivo: Ayudarle a captar el apoyo emocional positivo a su iniciativa de cambio desde el principio. Vamos a ser claros. Si usted pierde esa oportunidad, y el ambiente se contamina con rumores y críticas, probablemente no tendrá otra ocasión porque el impulso del principio no volverá a repetirse.

Mientras usted define las estrategias y los detalles del Plan de Comunicación del Cambio, le recomendamos que implemente un minucioso plan de seguimiento de la fase de Aceptación para que así pueda concentrarse en la creación de toma de Conciencia como un proceso separado y paralelo.

Al pasar de la Concientización a la Aceptación y a la Adopción, el ingrediente principal es la capacidad de interiorizar y actuar sobre la verdad elemental. Hay que evitar las falacias y ser realista. La base fundamental es la buena comunicación. Debe producirse una constante y respetuosa retroalimentación. Y la respuesta ha de ser auténtica y lo más inmediata posible.

Usted no necesita establecer ninguna línea clara entre los ciclos de toma de Conciencia y Aceptación. Las estrategias y métodos de entrega pueden comenzar en el de Conciencia y ser reforzados en el de Aceptación.

Lo importante es recordar esto: usted generalmente tiene sólo una oportunidad con los empleados para crear un ambiente receptivo e inclinar la balanza a su favor. Eso no siempre significa un evento único, pero significa tener desde el principio un consciente, decisivo, y posiblemente audaz Plan de Comunicación del Cambio basado en la creación de emociones positivas.

Mientras que sus proveedores, sus socios estratégicos y su propio equipo directivo quieren un balance final rápido, no olvide que todo depende de que usted logre atraer las emociones de sus actores internos y altamente impactados, mediante respuestas directas y conocimientos dirigidos específicamente a cada uno de estos grupos. Concéntrese en esto y tendrá el resultado esperado.

CAPÍTULO SIETE
Cultivar la Aceptación

Probablemente mucho de lo que hemos explicado hasta ahora sea nuevo para usted, o se lo hemos presentado de una manera que no había considerado anteriormente. Porque creemos que ideas verdaderamente innovadoras pueden ser expresadas de forma sencilla sin tener que sacrificar su complejidad contextual, en KDi ofreceremos algunas estrategias simples pero a la vez muy eficaces y pensadas específicamente en las necesidades de las partes interesadas.

En este momento, y si ha hecho bien su fase de Concientización, muchas de sus partes interesadas ya no están con los brazos cruzados, se han vuelto más participativos, se han acercado más a sus planteamientos, y, al menos, ahora están dispuestos a contemplar que su organización necesita hacer cambios.

Las personas nunca olvidan cómo les hacemos sentir. Por eso, para nosotros es muy importante enfocarnos en cambiar los corazones, porque el sentimiento afecta sobremanera al compromiso. En todo proceso de cambio, en este punto del viaje es cuando la mayoría de la gente toma la decisión firme de subirse a bordo o no. Además, está comprobado que solo después de cambiar actitudes y crear compromisos es posible empezar a cambiar comportamientos, un tema que exploraremos en el siguiente Capítulo.

Definir la Aceptación
La Aceptación se produce cuando las personas interiorizan la necesidad de cambio y están abiertas a considerar un ajuste. Si la Concientización es como una primera cita, la Aceptación sería convertirse en pareja, y la Adopción lo equivalente a tomar un compromiso a largo plazo.

Para estar abierto a ese compromiso definitivo, las personas necesitan saber cómo va a afectarles el cambio planeado. Usted podrá ganarse mejor el corazón y la mente de los que le rodean si las estrategias que utiliza tienen en cuenta sus inquietudes e intereses. Le recomendaremos una serie de maneras para que pueda profundizar en cómo facilitar la Aceptación. Así no parecerá que necesite dar un paso tan grande para la Adopción, sino que se dará cuenta de que en realidad se trata de una progresión natural que nos conduce al siguiente nivel del proceso de cambio.

Cómo atraer a las partes interesadas

El objetivo es desarrollar un compromiso basado en los valores de las partes interesadas, sembrando y construyendo confianza a través de una amplia comunicación interactiva. Esto generará sentido de comunidad y visión compartida. Un elemento fundamental del proceso de cambio es forjar una comunicación consciente de la importancia de potenciar un ambiente que valora a las personas, respetando su individualidad, tratándoles de forma justa, y estando genuinamente abierto a sus ideas y sugerencias.

Lo mismo aplica en lo que respecta a las relaciones entre la alta gerencia y el Equipo de Implementación. Si no hay absoluta transparencia y no comparten misión y prioridades, las partes interesadas internas y externas lo percibirán y tendrán reacciones adversas al plan. Si bien puede que le excusen alguna pequeña falta que cometa sin mala intención, siempre y cuando usted la admita, tenga por seguro que no le perdonarán nada que usted haga que los decepcione o que no los haga sentirse respetados.

Mientras que este capítulo ofrece ideas que conciernen al *qué, cuándo, dónde, por qué* y *cómo* capitalizar estrategias dirigidas a generar respuestas positivas durante la fase de Concientización, recuerde que nada de lo que haga –actos, sesiones de retroalimentación, etc.- tendrá éxito a menos que usted ejerza su liderazgo predicando con el ejemplo.

La comunicación consciente es la clave para la conversión

Este es el momento en el ciclo de cambio en el que usted tiene la atención de todos los actores implicados y cuando más necesita expandir y profundizar sus canales de comunicación. Nada es más desalentador que conseguir la atención de las partes interesadas y luego fracasar en la implementación efectiva por no haber prestado suficiente atención a realizar una comunicación consciente. No importa de cuantas maneras usted haga llegar su mensaje. Si usted no llega a la raíz del asunto, todo su esfuerzo será en vano.

Para nuestros clientes, nosotros utilizamos dos simples y efectivos modelos en la fase de Aceptación. Encarecidamente le animamos a que se tome un tiempo para reflexionar en lo que significa para usted esta etapa del proceso y luego lo comparta con su Equipo de Implementación y la Red de Apoyo al Cambio para que puedan preparar una secuencia de acciones en tiempo real y otras con carácter diferido, buscando potenciar cambios de comportamiento.

Tal vez desee hacer una señal en este párrafo que acaba de leer y regresar a él con una taza de café, para que relajadamente pueda reflexionar cómo estos modelos promueven puntos de inflexión con las partes interesadas en su proceso de cambio.

Lograr el éxito a través de un auténtico compromiso

Nuestra estrategia se basa en el compromiso más que en el control. Esta forma de trabajar se vuelve esencial a medida que se va implementado la fase de Aceptación. Para crear compromiso, usted debe alejarse de las estrategias basadas en el control en las que el ambiente de trabajo se percibe como algo estático. Pensar que usted puede controlar las respuestas emocionales de las personas o la naturaleza caótica del cambio, ya sea en su propia comunidad o en el mundo, es, expresándolo de forma sencilla, una completa fantasía. A pesar de que es humano querer controlar todo lo que nos rodea, tendrá más éxito y experimentará menos estrés si adopta una estrategia de compromiso. Piense en esto porque puede que su organización esté llevando a cabo muchas pero pobremente comunicadas iniciativas de cambio cargadas de buena intención pero basadas en el tradicional y poco efectivo método de control vertical.

Por el contrario, en un ambiente dinámico donde el cambio llega rápido y, a veces, bruscamente, usted necesita construir confianza y un sentido de comunidad para que las personas acepten el cambio desde el corazón y tomen decisiones que les conduzcan a la Adopción. Esto conduce a una forma de comunicarse más consciente que, a su vez, conlleva un compromiso más auténtico al ofrecer razones convincentes para que las partes interesadas clave se involucren y se conviertan en participantes activos. Las estrategias que usamos y recomendamos a nuestros clientes reflejan esta estrategia basada en el compromiso.

Pero hay que estar alerta porque en este punto del proceso, la iniciativa todavía puede fallar por no estar lo suficientemente apoyada por los de arriba o los de debajo de la cadena organizativa. Nuestra filosofía es que la dinámica de escuchar y responder a las partes interesadas y luego trasladar sus preocupaciones a la alta gerencia es absolutamente esencial. Una vez más, la importancia de contar con una Red de Apoyo al Cambio totalmente comprometida, que es escuchada e incluida en sus decisiones, es crucial.

La atención al problema no es la respuesta

Una respuesta proactiva al cambio y a la innovación no tiene nada que ver con solucionar un problema. Si deja atraparse por la rigidez de intentar arreglar todos los problemas que tiene se quedará atascado en un círculo vicioso. En vez de eso, focalice todos sus esfuerzos en ayudar a salir a flote esas áreas menos desarrolladas que pueden estar reteniéndole e impidiendo progresar. Concéntrese en las soluciones más que en los problemas.

¿Cree que podemos coincidir en que hay una diferencia fundamental en la manera en la que nuestros cerebros responden a las dinámicas generadas por individuos cuando las percibimos como un desafío en vez de como un problema? Cuando estamos ante un reto tenemos una sensación legítima de poder que nos ayuda a enfrentarnos a él con ganas y fuerza. Sin embargo, si creemos que lidiamos con un problema generado por individuos se registra en la parte emocional de nuestro cerebro como algo negativo. Nuestra actitud ante las dificultades es fundamental para superarlas con éxito.

Ya que no es solo un grupo de planificación, la Red de Apoyo debe ser consultada para la organización de campañas, preparación de grupos, y otras actividades que se lleven a cabo durante la implementación. Olivier Serrat, el jefe del Centro de Gestión del Conocimiento del Banco Mundial Asiático, sintetiza la importancia de facilitar un cambio positivo con una básica y nada complicada suposición: toda organización tiene cosas que funcionan bien. Serrat identifica la Indagación Apreciativa como "un emocionante y generativo enfoque del desarrollo organizacional," y cree que, a un nivel superior, también representa una forma de ser y de ver.

¿Acaso asocia el término Indagación Apreciativa con ese tipo de iniciativas "suaves"? A lo largo de los años, a medida que fuimos profundizando en las bases de esta estrategia que involucra a las personas, la fuimos encontrando cada vez más congruente con nuestra propia filosofía de Ruta Adaptada. Hemos comprobado que este esquema de trabajo triunfa remarcablemente con nuestros clientes y es un poderoso método para que los grupos que actúan como guías se reenfoquen en los aspectos positivos de sus empresas.

Mientras se familiariza con los principios de la Indagación Apreciativa, recuerde el último capítulo en el que nos enfocamos en la necesidad de prestar atención a sus empleados, incluyendo sus miedos, sus deseos, y sus historias. Estos constituyen los cimientos de cualquier iniciativa de cambio. De ahí que Serrat haya identificado con precisión algunos de los principios básicos de la naturaleza humana.

En base a estos principios, su Equipo de Implementación puede alcanzar su propio punto de inflexión y ser substancialmente más efectivo con las partes interesadas si tiene en cuenta que:

- Las organizaciones no son máquinas.
- Las organizaciones son realidades sociales construidas entre personas.
- Los procesos organizacionales importantes – incluyendo comunicarse, toma de decisiones, y resolución de conflictos – dependen cada vez más en cómo las interacciones entre las personas involucradas cobran sentido, y menos en su habilidad para aplicar las técnicas.

CAPÍTULO 7: CULTIVAR LA ACEPTACIÓN

Sería muy importante si usted tuviera en cuenta al detalle este esquema de trabajo cuando una iniciativa de cambio le concierna directamente.

Usted y su equipo han de mantenerse energizados y enfocados

Hasta ahora nos hemos enfocado en el proceso, la filosofía, y los aspectos sobre la gestión del proyecto para vender su iniciativa de cambio. Es esencial que usted se mantenga en sintonía con su equipo y supervise su propio paisaje interno durante este viaje que hemos iniciado juntos. Puede que muchos de los fundamentos de la Ruta Adaptada le resulten nuevos. Eso conlleva emoción y también cierto nerviosismo porque usted tiene responsabilidades importantes que van más allá de su zona de confort.

Tal vez busque señales intentando apreciar cambios en la manera que tienen de creer y actuar. Estos cambios pueden bien ser estresantes o emocionantes, dependiendo de la personalidad de cada individuo. Practicar el arte de la comunicación consciente y fomentar la colaboración dentro del equipo es una buena práctica para trabajar de manera efectiva con las partes interesadas que pueden contribuir a la toma de decisiones en conjunto.

En general, las personas vemos nuestra empresa y vida privada ya sea como si se tratara de una serie de proyectos, o como un viaje con final abierto. Depende mucho de la forma de ser y lo más probable es que también tenga ambas perspectivas dentro de su equipo. Y eso lo que hace es crear la tormenta perfecta porque manejar proyectos sin una visión concreta lo único que hace es mover a la gente en círculos, sin avanzar; mientras que los visionarios tienden a lanzarse sin tomar las medidas necesarias para así poder lograr metas importantes.

Es importante que tenga en cuenta las principales virtudes y habilidades de su equipo de la misma manera que necesitará hacerlo con las partes interesadas. Los miembros de su equipo necesitan "apropiarse" de sus roles porque eso les da fuerza. Esta apropiación necesita complementarse con una auténtica colaboración con los demás. Cada uno ha de honrar el bien hacer del otro formando una coalición de fuerzas con cada contribución individual. Esto crea un ambiente en el que cada miembro del equipo contempla el proceso como un viaje positivo y mucho más interesante que si lo viera bajo el prisma del tradicional enfoque basado en el control, más rígido y menos participativo.

Organizar un día de retiro

En este punto, usted y su equipo necesitan hacer una pausa en la preparación para poder pasar al ritmo más rápido que requiere la etapa de Aceptación. Aquí, usted necesita reflexionar cuidadosamente y hacer ajustes orientados a la acción que le servirán de guía. Creemos que esta es la estrategia ideal para ser usada antes de empezar la fase de Aceptación. Planee un día de retiro para su equipo. En este retiro, dele tiempo y atención a las preguntas que le formulen los representantes de los eslabones inferiores de la cadena organizativa. Son importantes y, en un entorno relajado, usted podrá prestarles más atención que en un día normal de trabajo.

- ¿El Plan de Implementación que usted y su equipo crearon, está cumpliendo con las metas que se propusieron?

- ¿Qué sabe ahora que no sabía antes de pasar de la planificación a la implementación?

- ¿Son todavía esas metas coherentes con su visión, o lo que ha aprendido en la fase de Concientización ha modificado su enfoque hasta el punto de modificar sus metas?

- ¿El Plan de Comunicación del Cambio ha conseguido sus objetivos?

- ¿Cómo el análisis de su Plan de Comunicación del Cambio afecta las decisiones que usted toma ahora?

- Está entrando en una fase en la que necesitará comunicación consciente y constante con sus partes interesadas, así como recibir sus comentarios. ¿Qué le dice eso sobre las estrategias que está por implementar?

- ¿Cree que su Plan de Implementación le confirma sus previsiones de poder alcanzar el grado de Aceptación necesario para que sea posible el cambio de conducta esperado en la fase de Adopción?

Aunque tengan que quedarse a cenar en el lugar escogido para la reunión, le recomendamos que no se vayan a casa hasta que todos hayan consensuado sus decisiones y sepan cómo éstas van a plasmarse. Luego, haga los arreglos necesarios para que los miembros de su equipo tengan medio día libre y así, no sólo ajusten sus horarios personales sino también tengan la oportunidad de reflexionar individualmente lo acordado durante el retiro. Por último, convoque otra reunión, ya en la oficina, de no más de dos horas para confirmar los acuerdos adoptados, y el equipo tenga claro el plan de acción.

Y algo muy importante. Recuerde aplaudir las decisiones alcanzadas. Sin embargo, no olvide que esto ha sido posible por sus logros durante la etapa de Concientización. Probablemente, ha habido momentos en los que usted y otros de su equipo se han preguntado si valía la pena todo este esfuerzo. Ahora, ha podido comprobar que poner a las personas en primer lugar de sus prioridades realmente funciona. Las cosas se moverán más rápidamente en esta fase. Si ejecutan esta etapa hábilmente y con buenas intenciones, usted y su equipo se sentirán como si hubieran ganado una carrera cuando llegue el momento de analizar los resultados de su plan de Aceptación.

Para las partes interesadas, la Aceptación ha de ser fluida

En realidad, cualquier demora que se produzca mientras implementa la Aceptación hará que sus esfuerzos se debiliten. La última cosa que necesita es perder la ventaja de la confianza que ha logrado al vender los conceptos básicos de su proyecto de cambio a los grupos de interés más afectados.

Como hemos señalado en nuestras recomendaciones, para que logre que su campaña de Concientización sea exitosa, no hay una línea fija que diga cuando una fase acaba y empieza la otra. Este paso debe ser fluido y sin fisuras si quiere que el Plan de Compromiso de las partes interesadas se desarrolle inmediatamente y así usted pueda gozar de la ventaja que le da disponer de un entorno con actitud positiva.

Si todo va bien, las partes interesadas que vayan a recibir mayor impacto no percibirán que usted ya está implementando la segunda fase de su Ruta Adaptada. Los detalles de dónde está y a dónde necesita ir le pertenecen exclusivamente a usted y a su Equipo de Facilitación del Cambio, especialmente a los representantes de la Red de Apoyo al Cambio.

Esta es la manera más efectiva de usar los conceptos de la Ruta Adaptada como parte de la estrategia para poder entender lo que está haciendo. Le recomendamos que nunca utilice los términos Concientización, Aceptación y Adopción cuando se comunique con sus partes interesadas. Esto, en ningún caso, significa falta de transparencia. Las personas quieren ser convencidas y sentirse involucradas porque les atañe. Párese a pensar por un momento y reconozca que si la situación fuese a la inversa y uno de sus socios externos tuviera una nueva iniciativa que quisiera desarrollar, usted tal vez se resistiría pensando en el impacto que la iniciativa de ese socio tendría en usted.

Lo que hacemos no es demasiado distinto a lo que hace un grupo de ingenieros, por ejemplo, que también tiene su propio lenguaje y necesitan comunicarse con otra gente -incluyendo sus jefes y los clientes de su compañía- acerca de cómo una determinada nueva tecnología puede beneficiar su trabajo y el negocio en general. A estos grupos no les importa cómo la tecnología ha cambiado. Sólo les importa cómo les impactará a ellos. Usted puede pensar que es sentido común. Pero todos nosotros, no importa cuán hábiles seamos como comunicadores, algunas veces hemos caído en el "a todos debería importarles tanto como a mí." Permanente e inconscientemente, nos comunicamos desde nuestra perspectiva de expertos en vez de ponernos en la posición del cliente o de las partes interesadas.

Tommy Cheung Chi King, un Singapurense con formación de Ingeniero que ha trabajado en Europa, Oriente Medio, y África, y que actualmente ejerce en Asia como consultor y jefe de ventas de una compañía internacional de software, lo explica de esta manera: "Nunca doy por sentado nada en una conversación. A pesar de ser yo el experto en lo que se refiere a la tecnología que vendemos, me comunico con los compradores en términos que ellos entiendan. Siempre procuro dejar claro que mis intenciones son conscientes y siempre enfocadas a satisfacer las necesidades y motivaciones de mis clientes". Tommy ha sabido transformarse y adaptar eficazmente su formación de ingeniero a su actual rol de jefe de ventas porque sabe que para que haya comunicación el receptor ha de poder entender su mensaje.

En un proceso de cambio, esto se consigue consultando y escuchando a todas las partes interesadas. Y, en la medida de lo posible, atendiendo positivamente sus preocupaciones.

Hasta aquí hemos cubierto el *qué*, y el porqué de la Aceptación. Ahora cubriremos el *cómo*, el *cuándo* y el *dónde*.

Desarrollar consenso y compromiso

Hoy en día todos los actos y las interacciones cara a cara pueden realizarse en tiempo real, ya sea en el mundo físico como en el digital. Aunque cada vez más dependemos de las comunicaciones digitales para simplificar nuestro trabajo o hacer conexiones globales, en los inicios de un proceso de cambio no recomendamos empezar en la esfera digital a menos que sea para hacer el seguimiento de una reunión. Habrá tiempo para ello.

Las interacciones cara a cara, compartiendo espacio físico, resultan más efectivas y han de ser su prioridad para conseguir el compromiso con los grupos interesados. Le serán especialmente útiles en presentaciones, sesiones de retroalimentación, reuniones informativas informales o incluso actos itinerantes que pueda hacer a modo de gira. El cara a cara ayuda a generar confianza y usted percibirá mejor las reacciones iniciales de las que aprenderá mucho.

Cuando hablamos de "tiempo diferido" nos referimos a cualquier material al que se pueda tener acceso sin tener que estar físicamente presente en el momento que se produce para beneficiarse. Las estrategias en "tiempo diferido" incluyen boletines, periódicos, entrevistas, y listados de preguntas frecuentes. Todo este tipo de material puede ser distribuido a través de la intranet de la compañía como si se tratara de una web dedicada específicamente a la iniciativa de cambio.

Las estrategias de tiempo diferido no reemplazan de ninguna manera los actos cara a cara. Recuerde al Director Ejecutivo del que le hablamos en el capítulo seis cuando presentó su proyecto de cambio y se paró frente de los empleados de su empresa. Tras su intervención, el personal fue inmediatamente a sesiones de retroalimentación con sus supervisores, después participaron de la convocatoria sobre ideas, e incluso visitaron la nueva sede. Esta secuencia se produjo gracias a una serie de actuaciones muy participativas e interacciones que se llevaron a cabo en tiempo real.

Por otro lado, el tiempo diferido tiene un beneficio obvio también muy importante. Las personas pueden acceder a la información y obtener respuestas a dudas en cualquier momento y en cualquier lugar a través de Internet. La integridad es esencial tanto en las acciones diferidas como en las estrategias de tiempo real. La información tiene que ser sensible, transparente y sobre todo precisa. Si su equipo prepara un listado de preguntas y respuestas el primer día de la campaña de Aceptación, y el documento se mantiene estático, sin incorporar datos nuevos que respondan a nuevas inquietudes, la decepción está garantizada y será generalizada. Todos nosotros tenemos experiencias negativas relacionadas con formatos informativos que no reflejan preocupaciones basadas en realidades actualizadas.

Preparando el escenario

¿Recuerda lo que hemos hablado de la importancia de contar historias en la fase de Concientización y cómo usarlas para atraer y retener el interés? Es una estrategia efectiva que llega al nivel emocional de las personas, logrando traspasar ese "ruido" de todo lo demás que acontece en sus vidas. Bien. Ahora necesitamos otro tipo de historia, una que primero subraye las necesidades, y luego seleccione los acontecimientos y estrategias que apoyen esas necesidades.

Este es un ejemplo de cómo este tipo de estrategia funcionó estupendamente con uno de nuestros clientes:

Cuando una agencia de recaudación de impuestos necesitó modernizar la intranet que habían estado utilizando durante más de diez años por otra que le ofrecía muchas más posibilidades, optaron por cruzar el río sin mojarse demasiado. El promotor del proyecto sabía que la clave de la transición de un sistema a otro radicaba en cómo manejar el cambio. Para facilitar la iniciativa, convocamos a un grupo de trabajadores destacados dentro de la agencia y les pedimos que crearan una serie de actividades que promovieran la participación de todas las partes interesadas. Así verían todo su potencial.

El Plan de Adopción del Cambio incluyó un concurso, exámenes online, un acto fuera de la oficina, grupos de enfoque, y sesiones de consulta. Tras la experiencia, los trabajadores de la agencia estaban inspirados, positivos y deseosos de explotar todas las posibilidades que daba el nuevo y dinámico portal.

Estrategias para incrementar la Aceptación al cambio

Cuando asignamos responsabilidades, conseguir el resultado que buscamos es tan esencial como lo es planificar cualquier tipo de acto. Nuestros clientes encuentran muy útil lo que identificamos como el Plan de Compromiso. Nos dicen que les sirve de guía a la hora de tomar sus decisiones. Sin embargo, antes de seguirlo les pedimos siempre que desarrollen una historia que les permita visualizar cómo el proceso de Aceptación podrá ser llevado a cabo. La siguiente tabla puede servirle de guía:

Plan para atraer a las partes interesadas

Necesidades Esenciales	Interesados Altamente Afectados	Opción de Entrega más Eficaz	Elegir según Necesidades	Evaluar la Eficacia de la Intervención
Recoger todas las opiniones y preguntas para entender las preocupaciones y explorar posibles soluciones.	Identificar en grupos los interesados de alto impacto que más se parezcan.	**Grupos de enfoque**	Los interesados se sienten valorados y respetados cuando se escucha sus temores y se les entiende.	Los participantes en la encuesta para ver si están convencidos de que sus preocupaciones han sido atendidas.

Necesidades Esenciales	Interesados Altamente Afectados	Opción de Entrega más Eficaz	Elegir según Necesidades	Evaluar la Eficacia de la Intervención
Fomentar la confianza escuchando conscientemente y ofreciendo respuestas.	Abierto a todos los interesados que se ven afectados por el cambio.	**Reuniones abiertas**	Diferentes grupos de interesados pueden comprender otros puntos de vista, y así crear un ambiente de apertura y confianza.	La Red de Apoyo al Cambio evalúa e informa al equipo utilizando conclusiones que pueden mejorar las actividades que fomentan la Aceptación.
Desarrollar al máximo la participación interactiva.	Abierto a todos los interesados que se ven afectados por el cambio.	**Giras y actos externos**	Los interesados experimentan el cambio en un ambiente interactivo que estimula y mejora su disposición.	Observación en tiempo real, las encuestas y comentarios de los supervisores y la Red de Apoyo al Cambio.
Explorar nuevas pautas de trabajo de forma distendida para relajar el ambiente.	Juntar compañeros para que se ayuden mutuamente.	**Juegos y desafíos**	Los interesados se sienten inspirados a pensar en el futuro.	Observar el nivel de participación en los juegos y concursos.
Recopilar todas las reacciones y respuestas para identificar los obstáculos a los que se enfrenta el cambio.	Abierto a todos los interesados que se ven afectados por el cambio.	**Cauces para ofrecer y recibir opiniones y comentarios**	Los interesados son motivados para expresar preocupaciones que necesitan atención y acción.	La Red de Apoyo al Cambio evalúa y trata las reacciones de manera sensible.
Proporcionar información pertinente y actual.	Para toda la organización.	**24/7 Para alcanzar máxima audiencia.**	Cada afectado puede recibir y utilizar información personalizada a su función de trabajo.	El equipo ha de determinar si los empleados están recibiendo la información que necesitan.

Esta no pretende ser una lista completa. Representa una sección transversal de las posibilidades que los sistemas de entrega proactivos pueden lograr cuando el objetivo es llegar a la Aceptación.

No hay razón, por ejemplo, de hacer un esfuerzo considerable para realizar una serie de actos externos, a modo de gira, a menos que tenga pruebas de que cumple con las necesidades de sus partes interesadas, y disponga además de garantías de que el acto cumplirá sus expectativas con éxito. De otro modo, se creará usted mismo un perfil público de fracaso y deseará haber hecho caso de este consejo. Usted se mostrará fuerte frente al cambio sólo si elige actos e intervenciones que fluyan de una manera que atraiga gente, los mantenga interesados, les dé información y conocimientos clave para ellos, y además sea capaz de incorporar un discurso con desafíos que fomente emoción y camaradería.

Los pequeños deslices no son desastres, especialmente si usted y su equipo han demostrado buenas intenciones y transparencia. Por ejemplo, una hoja informativa no servirá de nada si es considerada como algo distribuido masiva e indiscriminadamente. Sin embargo, no dañará el proceso siempre y cuando la información sea precisa y se mantenga actualizada. Por el contrario, un sitio web caro y pomposo, si no responde a las necesidades de las personas, será una gran decepción para sus partes interesadas por no cumplir con sus expectativas. Usted notará su descontento y desinterés porque no se registrarán para leer la web ni debatirán sobre su contenido.

La sección que viene a continuación proporciona descripciones de las tácticas que recomendamos para profundizar en el "qué" y el "por qué" de las estrategias de implementación más eficaces que hemos ido aplicando con éxito todos estos años.

Los Grupos de discusión son cruciales en la fase de Aceptación

Crear grupos focales, para conocer y estudiar las opiniones y actitudes de las partes interesadas, es muy importante, especialmente al inicio del proceso. Es conveniente que los forme antes de definir el resto de su plan de acción para actos y canales de entrega de la información. Un caso del que ya le hemos hablado, es la iniciativa del Ministerio de Educación de Singapur. En esa ocasión, las partes interesadas más impactadas fueron los padres. Invitar a un grupo de ellos a una sesión piloto donde sus opiniones y preocupaciones iban a ser validadas y exploradas dio una información muy valiosa al Equipo de Implementación sobre cómo conseguir Aceptación por parte de los actores implicados.

Estratégicamente, usted tendrá que centrarse en identificar las necesidades y recomendar los tipos de participantes. Su papel más importante será seleccionar al facilitador, una decisión que debe tomarse con cuidado, no sólo por sus habilidades como facilitador, sino también porque ha de ser alguien que pueda relacionarse bien con los participantes del grupo de enfoque.

El facilitador debe tener en cuenta que en las reuniones habrá una amplia variedad de participantes. Con diferentes tipos de personalidad como el que se relaciona sabiéndose experto, otros más dogmáticos, los habladores, o los participantes tímidos que a veces tienen mucho que decir. Un buen facilitador sabe cómo identificar y administrar esas dinámicas, nivelar el terreno de juego para que todos los comentarios sean honrados y validados. A partir de aquí, el resto de los detalles se pueden delegar.

Las reuniones en asamblea proporcionan un valioso foro abierto

Las reuniones en asamblea se convierten en estructuras muy valiosas cuando responden a las preocupaciones de las partes interesadas. Los elementos clave para su éxito incluyen:

- Dejar claro en la invitación que la gerencia quiere escuchar y responder a todas las partes. Por supuesto, habrán escépticos a menos que las reuniones en asamblea tengan ya un enfoque estándar de compromiso en su organización.

- Usar su Red de Apoyo al Cambio para anunciar el acto, recordando que la Red de Apoyo al Cambio y los supervisores distribuirán la invitación.

- Comprender el significado y ramificaciones del concepto "partes interesadas" antes de mantener una reunión de ese tipo. De lo contrario puede hacer que los participantes duden del compromiso de su organización a esta iniciativa de cambio.

- Escuchar con la mente abierta todas las ideas que presenten los participantes. Tal vez tengan ideas que pueden aumentar la eficiencia y beneficios o ambas cosas. Su plan se beneficiará si escucha bien.

Las giras funcionan si usted consigue con ellas sus objetivos

Busque en libros o por internet todo lo que pueda sobre "giras de aprendizaje para empresa" o "iniciativas de cambio con giras" y todas las variaciones sobre este tema que se le ocurra. Usted encontrará desde shows de automóviles hasta actos que podemos enmarcar dentro de talleres, conferencias o sesiones de reflexión organizativa.

Esta es nuestra visión del concepto. Para nosotros una Gira es un acto cargado de energía, muy bien planificado y ejecutado, en el que la gente aprende un nuevo proceso o adquiere conocimientos esenciales a través de la colaboración interactiva que se traduce en el fortalecimiento para usar una nueva habilidad en el trabajo.

Los Juegos y Concursos añaden interés y aumentan la adhesión.

Los juegos y concursos ayudan a explorar el cambio de forma distendida. Implican esencialmente los siguientes elementos:

- Algún tipo de desafío (cuestionarios interesantes, acertijos o rompecabezas) que requieren que los participantes exploren y aprendan.

- Un formato de participación que permita en poco tiempo a todos lanzarse y encontrar respuestas (en una web o en un espacio físico).

- Algunos pequeños premios simbólicos para los ganadores como incentivo y para inyectar un elemento de diversión en el juego.

Recuerde que estos desafíos pueden combinarse eficazmente con otras actividades como una Gira y otras actividades internas o externas y así aumentar el impacto.

Los Canales de Retroalimentación fortalecen el compromiso

El desarrollo de canales de retroalimentación puede incluir reuniones en asamblea, emails, redes sociales, un sitio web del proyecto y encuestas a los participantes, entre otras opciones. En general, son un buen instrumento para fortalecer la adhesión de las partes interesadas, o estimularla.

Anteriormente hemos descrito las reuniones de asamblea, pero queremos especificar que pueden tener infinitas variaciones, incluyendo reuniones espontáneas con pequeños grupos o foros donde un supervisor o un miembro del equipo de apoyo perciba una preocupación de un actor particular y facilite una discusión más abierta en grupo.

Los emails, mensajes de texto y correo regular tienen la merecida reputación de ser medios "fríos" para la entrega de mensajes. Ahora hasta los utilizamos para aceptar trabajos, romper una relación o controlar nuestra ingesta diaria de azúcar. Pero el email y redes sociales tienen su lugar en la transmisión del cambio organizacional. Por ejemplo, como un agradecimiento por asistir a un evento, para reconocer un mensaje de retroalimentación, para notificar a un grupo específico de partes interesadas que sus recomendaciones han sido aceptadas, o para informar a los empleados que han apostado por este tipo de notificaciones para recibir información actualizada sobre el proyecto.

Disponer de un sitio web específico para el proceso de cambio, puede ser valioso cuando sirve como canal legítimo de retroalimentación. La salvedad es que el sitio web más dinámico e interactivo de los sitios en los que se pueda dar y recibir opiniones nunca puede sustituir la retroalimentación ofrecida por personas en tiempo real. Un proyecto de sitio web tiene que ser vibrante, relevante, con garra y, sobre todo, apelar al público para que realmente importe a los receptores. Es una parada única para obtener información relevante sobre el proyecto y también puede servir como un canal de retroalimentación.

Las partes interesadas necesitan múltiples razones para visitar el sitio web del proyecto y estar convencidas de que si acceden a él tendrán la sensación de que vale la pena. La capacidad de comentar, obtener retroalimentación y conseguir la información más reciente es algo muy importante en tiempos de cambio. Si el sitio web se utiliza también para los juegos y concursos, para encontrar pistas o datos, por ejemplo, su número de entradas y adeptos fieles aumentará sin ninguna duda.

La Comunicación Digital puede ser valiosa si se utiliza bien

El menú de estrategias de comunicación que hemos detallado para la etapa de Concientización funciona bien en este punto del ciclo.

Es bueno que de vez en cuando recuerde que las estrategias que usted ha diseñado son tan buenas como la justificación que ha empleado para su elección. Sus decisiones van en función de su realidad. Nada que objetar.

Sólo deber guiarse por un principio primordial. Imagine que usted construye una hermosa casa para su familia pero sus fundamentos no están bien asentados. Usted disfrutará de su nueva y bonita vivienda un tiempo. Todo el mundo le felicitará pero su éxito será temporal. Su casa, con una base de apoyo débil, pronto se tambaleará y se convertirá en un peligro, hasta que será inhabitable. Lo mismo sucede con las organizaciones.

Implementar el análisis de retroalimentación para pasar a la Adopción

He aquí por qué este paso es tan esencial. Para proporcionar intervenciones de aprendizaje efectivas, usted y su equipo necesitan analizar los factores que motivan a la mayoría de las partes interesadas para entrar en el círculo de partidarios. Esto requiere compilar todos los comentarios que se produzcan en las interacciones de compromiso con el proyecto. Por razones de transparencia y credibilidad, usted necesita ofrecer un calendario para proporcionar el análisis necesario a las partes interesadas apropiadas y a los colaboradores que estén dispuestos a ofrecer sus comentarios y opiniones.

Es fundamental que el equipo registre lo que ha aprendido de forma que además los datos sean de fácil acceso si necesitan consultarse. Lo ideal sería trasladar esas píldoras de información a una base de datos para poder interpretar y gestionar mejor ese conocimiento. Esto requerirá que usted determine la importancia que esos datos suponen para su iniciativa de cambio actual, y garantizar el acceso a ellos en el futuro.

Antes de que reúna comentarios, usted ya tiene que saber cómo piensa organizarlos de manera que sintetice las respuestas y tengan sentido al interpretarlas. Así podrá indicar mejor a los usuarios de esa información cómo utilizarla y descifrarla para este y futuros proyectos. Piense que está ofreciendo a las partes interesadas una estructura para desentrañar esos datos y procesarlos según su posición y área de especialización correspondiente. Las respuestas y opiniones que le ofrezcan constituyen un conocimiento muy valioso para usted.

Este proceso permite a su equipo convertirse en expertos capaces de transferir conocimientos directamente a los que diseñarán los métodos de aprendizaje en la fase de Adopción.

Pero antes de que comience el análisis, usted y su equipo necesitan preguntar y responder a estas preguntas mientras progresan hacia la Adopción:

- ¿Qué puntos más fuertes aportan los grupos de interés a la Adopción, en qué momento han aprendido comportamientos y habilidades nuevas, y, muy importante, demuestran que saben cómo usarlas?

- ¿Dónde están las brechas en cuanto a conocimientos y conductas?

- ¿Cómo puede usted compartir mejor lo que ha aprendido con el Equipo de Implementación que será fundamental en el diseño y métodos de aprendizaje basados en el rendimiento?

- Mientras avanza, ¿puede reflexionar con su equipo varios escenarios tangibles para las principales estrategias sostenibles de Adopción?

¿A dónde vamos desde aquí?

Tal vez usted piense que su trabajo se ha terminado cuando reciba comentarios de elogio en las giras, las asambleas, en su web, y en las sesiones de retroalimentación. No queremos desilusionarlo, pero a pesar que la Aceptación es un paso muy importante del proceso, no es ni mucho menos el final.

En este punto del proceso, ya se han acabado los actos para fomentar entusiasmo y energía. Ahora comienza el trabajo serio continuado. Si la Adopción no comporta un cambio de comportamiento sostenible, las partes interesadas que con tanto esfuerzo logró que entraran en modo de Aceptación, se convertirán rápidamente en indiferentes.

Todos los comentarios que coseche deben evaluarse para ser sintetizados y puestos a disposición de su equipo como conocimiento recuperable para asegurar la Adopción sostenible. Respire profundo, porque eso no es todo. La comunicación consciente debe ejecutarse en base a la forma en que su organización opera, con fuerza y flexibilidad para sobrevivir a las oleadas de cambio.

No le sugerimos que luche por lo que usted podría considerar como perfección. Si lo hace, fácilmente podría terminar preguntándose quién movió su porción de queso, como en el libro. ¿Recuerda? Eso puede suceder cuando usted se obsesiona con una meta sin tener en cuenta los datos que recibe y que indican movimientos inesperados. Obsesionado en encontrar su porción del queso, para seguir con la moraleja, usted podría estar fácilmente buscando su cena en la parte equivocada del laberinto. No se obsesione. Escuche y observe.

Como cualquier organismo vivo, su organización tiene vida propia. Nosotros los humanos no sólo estamos desarrollados lo suficiente como para cambiar el mundo sino también somos bastante impredecibles en nuestro paisaje emocional como para sorprender a otros y en ocasiones incluso a nosotros mismos. Considere otra vez que mientras tenga la vista telescópica estratégica para adaptarse al cambio, su personal y otras partes interesadas están con sus microscopios intentando averiguar cómo el cambio los impactará individualmente. No es que un punto de vista esté bien y el otro no. Los diferentes puntos de vista necesitan vincular más y mejor una comunicación consciente con la auténtica retroalimentación.

Este es un nuevo territorio para todos. El enfoque basado en el compromiso es la mejor opción si quiere que las partes interesadas acepten el cambio y se impliquen en la adopción. El mundo es demasiado volátil y complejo como para operar de cualquier otra forma. Comience por creer en sí mismo, manteniendo a su equipo inspirado y fortaleciendo a sus grupos de interés. Así podrán apreciar mejor los beneficios de estar totalmente comprometidos en ese modo de aprendizaje que les permitirá actuar y desempeñar su papel mientras se montan en las olas del cambio.

Eso nos lleva a la Adopción, el tema de nuestro último capítulo de implementación pero ni se le pase por la imaginación que este es el final de la historia.

Y por cierto, sería una buena idea invitar a su equipo a una cena donde no hablen de negocios. En cambio, disfrute de la compañía, felicítense por lo que ya han logrado y anticipen el éxito al unirse a los interesados para aumentar sus propios conocimientos y habilidades de preparación para el cambio.

Suponemos que no pensaba que este proceso era sólo para los demás, ¿no? El futuro de su auténtico y eficaz liderazgo depende de que permanezca gracias a su compromiso un paso por delante del pelotón, la competencia. Y la mejor forma de conseguirlo es predicando con el ejemplo.

CAPÍTULO OCHO
Facilitar la Adopción

En este capítulo profundizaremos en el proceso de Adopción para remarcar que es la base de su iniciativa de cambio. Y lo más importante, vamos a demostrarle cómo usted puede llegar a ser un líder fuerte y operativo que entiende lo que se necesita para crear una cultura empresarial de alto rendimiento. Simbólicamente, podemos decir que este proceso de acoplamiento y aprendizaje se parece a una danza en la que usted marca el paso mientras sigue el ritmo que le permite adoptar responsabilidades y a la vez delegar. Su papel será influir, guiar y persuadir, siempre liderando desde el frente. Lo que le decíamos, decidiendo cada paso de la danza.

Un elemento clave de la Adopción es que usted acoja de forma entusiasta este concepto y lo haga suyo. En cualquier iniciativa de cambio, la Adopción no es el paso final, sino el puente que permite a las personas convertirse en actores sostenibles en el contexto de la Economía del Conocimiento del siglo veintiuno. Mientras que las fases de Concientización y Aceptación son redefinidas y reformadas para cada nueva iniciativa de cambio, la Adopción es el proceso en curso en el que su organización se compromete al desarrollo de personas como una práctica esencial en su forma de dirigir su empresa. Este mensaje lo iremos repitiendo a lo largo de este capítulo. La Concientización y Aceptación venden la iniciativa a las partes interesadas. La Adopción entrega el poder a los empleados individuales que ven cómo son parte de la solución, no parte del problema.

Visualicemos el concepto de Adopción

A corto plazo, la Adopción es el proceso mediante el cual su gente adquiere nuevas habilidades específicas para una determinada iniciativa de cambio. La Adopción es un viaje. Una evolución que conduce hacia el cambio. Usted se dará cuenta de que sus empleados han dado el primer paso del recorrido cuando vea que aceptan y ejercitan su función de tal forma que hagan que el cambio organizacional previsto pueda ser un éxito. Mientras que los facilitadores y el departamento de desarrollo, con las sugerencias de su equipo, diseñan, entregan y administran las estrategias de aprendizaje seleccionadas para las iniciativas de cambio, su equipo debe tomar las riendas para asegurarse que su cambio llegue a todo el mundo. De lo contrario, sería como planear una cena muy cuantiosa, pero que su invitación no hubiera llegado a la mitad de los invitados, y que los que fueran lo hicieran por compromiso, no tuvieran ningún interés en saber qué tiene que compartir con ellos, y sólo esperaran el momento para escabullirse y marcharse.

A largo plazo, la Adopción debe convertirse en un valor fundamental dentro de su organización. Para asegurar el éxito, su Equipo de Facilitación del Cambio vigilará de cerca la efectividad de todas las intervenciones de aprendizaje, llevando el control del cómo, cuándo y dónde los grupos de interés aprenden más eficazmente. Esto permite que su equipo de desarrollo haga los ajustes necesarios para los diferentes estilos y métodos de instrucción, consiguiendo así mejores resultados y una mayor aceptación. Sin embargo, no olvide que nada de lo que haga servirá para nada si sus grupos de interés aprenden conceptos desactualizados y prácticas desfasadas con los cambios que se viven fuera y dentro de su organización.

¿Qué significa la Adopción para líderes como usted?

Queremos enfatizar este punto al principio del capítulo para que tenga claro lo fundamental que es su papel a lo largo del proceso. Usted necesita asumir que es estratégicamente responsable de que se produzca una mayor y progresiva transformación en todos los niveles y en todas las fases de la iniciativa. Es también responsable de que esta transformación llegue a todas las partes interesadas. Esto es sólo una extensión lógica del liderazgo que ya ha asumido desde el principio pero que ahora, en la Adopción, ya es capaz de enmarcarlo dentro de la Ruta Adaptada que usted y su equipo ha preparado.

Cuando está todavía en los inicios del ciclo del proceso de cambio, es cuando le resultará más beneficioso incorporar facilitadores y expertos en formación y desarrollo. Al tener a estos especialistas participando y aportando en las etapas de Concientización y Aceptación, llegará a la Adopción conociendo más profundamente cómo el entrenamiento y el desarrollo funcionan dentro de su organización.

Así, el responsable de formación entiende los objetivos de la iniciativa de cambio a través de la relación que mantiene con los equipos de Implementación y Apoyo al Cambio con los que ha estado trabajando a través de los ciclos de Concientización y Aceptación. Evidentemente, esto es preferible a mantener reuniones de planificación en esta etapa donde cada uno se encontraría operando en universos paralelos en los que uno no entendería el punto de vista ni el marco de referencia del otro. De esta forma, provisto del lenguaje y el discurso de capacitación y aprendizaje, utilizando sus destrezas de dirección y fortalecido por la asistencia de su Red de Apoyo al Cambio, usted dominará la situación de forma eficaz.

Es esencial que todas las partes interesadas comprendan cómo esta nueva forma de aprendizaje va a beneficiarlos. Y usted, prepárese porque va a vender de nuevo.

Criterios para construir puentes de rendimiento sostenible

Todos -desde el director general al personal de línea- deben comprometerse, adquiriendo nuevas habilidades, a desarrollar otro tipo de mentalidad, mucho más abierta a otras maneras de trabajar. Así las diversas iniciativas de cambio que se ejecuten serán provechosas. No dejaremos de repetir que los líderes deben ser activos en su propio permanente aprendizaje y adaptación porque es la forma más eficaz para que después sepan y puedan modelar la estrategia que van a ofrecer a los diferentes grupos de interés. Esto significa que los sistemas de prestación de apoyo para aprendizaje y desarrollo no dependen exclusivamente del ámbito estratégico de recursos humanos, los responsables de formación y desarrollo, o de cualquier otro departamento, sino que están activamente bajo la dirección del personal directivo superior. Los equipos que diseñan la instrucción planifican su desarrollo, pero no la estrategia. De lo contrario, las partes interesadas estarían recibiendo una mirada microscópica y no telescópica de cómo ha de ser su aprendizaje.

A diferencia del habitual escenario en el que la dirección decide y el departamento de entrenamiento apunta el objetivo y ejecuta de forma rígida, pensamos que para que la Adopción sea efectiva el entrenamiento ha de estar integrado en el ciclo de implementación. Si usted ha llevado a cabo con éxito los ciclos de Concientización y Aceptación, los grupos clave de las partes interesadas de la organización ya habrán participado de sus sistemas de entrenamiento y aprendizaje y ahora les resultarán familiares en la fase de Adopción. Este es un punto muy importante a su favor. Si a esto, además le añade la instrucción online, entonces, todo el proceso de aprendizaje se convierte en una extensión natural de los principios de comunicación consciente que las partes interesadas han estado experimentando durante todo el ciclo de implementación. Suponemos que ahora ve claro por qué le decíamos al iniciar este capítulo que es de suma importancia incorporar a su proceso la ayuda de expertos, y hacer que marketing, formación y desarrollo organizacional trabajen al unísono.

Por qué su papel es esencial en el proceso de Adopción

Por una larga lista de razones, generalmente la Adopción no se toma en consideración cuando se planifican las iniciativas de cambio. Tal vez usted aún sienta cierta resistencia a la idea de que fomentar la participación en las iniciativas de aprendizaje se añada a su lista de tareas, con todo el trabajo que ya tiene en su plato. En caso de que sea así, y usted esté arrastrando todavía esa vieja mentalidad, es hora de dejarla ir. Le demostraremos por qué.

Piénsenlo de esta manera: ¿preferiría tener la responsabilidad de asegurar el tipo de Adopción que marca la diferencia cuando se llega al final y se hace balance? O ¿prefiere quedarse sin hacer nada y ver cómo una iniciativa de cambio cuidadosamente orquestada fracasa sin que su proyecto consiga entrar en el círculo de ganadores?

Cuando los ejecutivos consideran ofrecer entrenamiento basado en el rendimiento, tienden a pensar en Sistemas de Gestión de Aprendizaje que siguen el progreso de cada empleado e identifican las brechas de conocimiento. Definitivamente hay valor en la funcionalidad. Lo que estos métodos no logran controlar es el marco emocional y único para cada uno de sus grupos de interés. Y como todos sabemos ya, después de estudiar los anteriores capítulos, ese elemento humano, aunque es absolutamente esencial tenerlo en cuenta, también es muy impredecible.

Las estrategias de aprendizaje que dan como resultado un mayor rendimiento no tienen que ser un elemento de gran presupuesto. Como hemos visto anteriormente, las intervenciones sencillas pueden ser notablemente eficaces. Este capítulo le ayudará a entender su papel y cómo deberá fortalecer a quienes vayan a estar directamente involucrados en diseñar, y algunas veces presentar, el Plan de Acción de Aprendizaje.

La necesidad de capacitación, transferencia de conocimiento y acceso a información concisa a la carta no se limita a sus empleados. Cada uno de los grupos interesados externos podría necesitar algún tipo de intervención para poder recibir puntualmente información actualizada y si la iniciativa de cambio ha creado la necesidad de adquirir nuevos conocimientos. Si se trata de una iniciativa complicada podría tener una docena o más grupos de partes interesadas con diferentes grados de impacto y perfiles que van a determinar el estilo y el tipo de intervención o seguimiento.

Las estrategias también podrían ser tan simples como una reunión con sus socios externos para poder determinar si necesitan información, aclaraciones o una simple charla. A partir de ahí, sistemáticamente manténgase en contacto con ellos para asegurarse de que su iniciativa de cambio está funcionando bien y llega correctamente a las partes interesadas.

Estos socios externos también valorarán mucho recibir periódicamente informes de progreso, además de la revista corporativa o el sitio web relativo a la iniciativa. Sin embargo, igual que usted, sus socios externos también están muy ocupados con sus propias organizaciones así que proporcióneles sólo el grado de interacción e información que necesitan para apoyar su iniciativa. Pero por supuesto, eso variará de socio a socio. Se puede encontrar que en un extremo del espectro haya un ejecutivo que necesite un contacto más frecuente porque tiene un superior que le exige recibir más datos, y en el otro extremo esté el socio que le deja saber que se pondrá en contacto con usted si necesita algo.

Las partes interesadas y los accionistas valoran su participación

Tradicionalmente, la gerencia y los departamentos de Recursos Humanos han protagonizado desencuentros en cómo administrar los recursos de formación y desarrollo. Por razones obvias, la dirección quiere ver un rendimiento lo más inmediato posible de la inversión realizada en sus programas de capacitación. Recursos Humanos enfatiza siempre el valor intangible del desarrollo de liderazgo y el gasto de cuantificar la efectividad del rendimiento laboral. Estas divergencias pueden ser frustrantes para las organizaciones porque impiden avanzar. Si usted vive una situación parecida piense que la formación de sus empleados es una de sus mayores inversiones.

Como este es un problema recurrente, una investigadora decidió usar una estrategia diferente y extraordinariamente simple con la que encontró una correlación directa entre el compromiso de una organización con la capacitación y el rendimiento del mercado de valores.

La investigación realizada por Laurie Bassi, la Directora General de McBassi& Company, con un doctorado en economía de la Universidad de Princeton, descubrió que las firmas que más gastan en entrenamiento tienen más probabilidades de superar a otras compañías. Tras estudiar diversas empresas, Bassi descubrió que las que hacían mayores inversiones per cápita en formación, veían reflejado en su balance anual un retorno del 16.3 por ciento en comparación con el 10.7 por ciento ofrecido en el índice de S&P 500. Parece lógico que esta investigación pueda utilizarse para trazar una correlación más general y afirmar que las empresas que ponen en primer lugar a las personas, en un sentido amplio, fortalecen su cuenta de resultados.

Esto tal vez le sorprenda, pero la experiencia nos dice que los grupos de interés acostumbran a ver todo lo relacionado con formación y entrenamiento como un valioso beneficio. Esto les alinea con estrategias a largo plazo, lo que conlleva a su vez una mayor lealtad con la organización. Donald Clark, un autorizado diseñador de programas de capacitación y un respetado investigador, cree que esto podría explicar el aumento de la capacitación en liderazgo. El mercado de trabajo se va haciendo lenta pero progresivamente cada vez más estrecho. Incluso encontrar mano de obra no calificada es más difícil. Y, a su vez, estos trabajadores también reclaman más poder tener acceso a ese entrenamiento que les ayudará a avanzar.

Desafíos globales para conseguir altos rendimientos

Aunque los países en desarrollo y los desarrollados afrontan diferentes desafíos, ni en unos ni en otros son capaces de conseguir de forma consistentemente que sus trabajadores actúen consiguiendo niveles máximos de eficacia. Es posible hacer que la tecnología trabaje sin problemas, pero los seres humanos obviamente no operan de esa forma, de forma programada. En KDi hemos visto durante todos estos años cómo este fenómeno se manifiesta dramáticamente en toda la región del Asia-Pacífico.

Aunque países como Singapur, Japón y Corea han logrado una educación universal de alto nivel, siguen habiendo brechas de conocimiento y rendimiento.

Esto también es cierto en el Hemisferio Occidental. Estos problemas, por supuesto, se complican dramáticamente por la necesidad de tener una fuerza laboral capaz de cambiar tanto habilidades como mentalidades mientras se sienten atrapados en un remolino de cambios sin precedentes. Un ejemplo de que esto es posible es Singapur, que en pocas décadas hizo su rápida transformación pasando de ser un pequeño grupo de aldeas de pescadores Malayos, a convertirse en una potencia mundial.

Qué tipo de rendimiento se espera de las personas del Siglo XXI

Esta sería una mirada detallada de las formas en que la Economía del Conocimiento cambia los criterios de cómo las realidades del siglo XXI están cambiando la forma en que trabajamos, y en última instancia la manera que demostramos competencias de alto nivel:

- Una economía basada en el conocimiento se fundamenta principalmente en el uso de ideas en contraste con las habilidades físicas y la aplicación tecnológica.

- En dicha economía, la mayoría de empresas no transforman las materias primas o explotan la mano de obra barata. En cambio, el conocimiento es desarrollado y aplicado de nuevas formas.

- Los ciclos de los productos son más cortos y la necesidad de innovación mayor. El comercio se está expandiendo a nivel mundial, incrementando demandas competitivas a los productores.

- La Economía del Conocimiento global está transformando las demandas del mercado laboral en economías de todo el mundo.

- También provoca nuevas necesidades en los ciudadanos, que precisan más experiencia y conocimientos para salir adelante.

- Equipar a las personas para enfrentar estas demandas requiere un nuevo modelo de educación y entrenamiento, y asumir que deben estar en permanente aprendizaje.

- El marco para mantener una formación continua, supone un nuevo modelo de educación a lo largo del ciclo vital, desde que somos pequeños hasta que nos llega la jubilación.

- Esto incluye aprendizaje formal (escuelas, instituciones de capacitación, universidades), aprendizaje no formal (capacitación en el trabajo y en casa), y educación informal como habilidades aprendidas de familiares o personas de la comunidad.

- Permite a las personas acceder a nuevas oportunidades de aprendizaje a medida que las necesitan, y no tanto por haber alcanzado una cierta edad y piensen que han de reciclarse.

- El aprendizaje permanente es crucial para poder disponer de personal preparado que pueda competir en la economía global. Una forma de empezar es alentando a los empleados a ser miembros activos en sus respectivas comunidades. Han de descubrir el placer de dar y recibir.

Bueno, al final le hemos ofrecido un menú bien variado para provocar su reflexión. Y hablando de reflexión, tal vez quiera tomar un descanso aquí, tome nota de algunas dudas que aún pueda tener y, a continuación, vuelva a este capítulo para que usted pueda incubar en su forma de pensar la naturaleza esencial de los principios de Adopción que acabamos de presentarle.

¿Cómo aprendió usted a ser gerente?

Aunque nuestra descripción no encaje exactamente con su perfil, suponemos que se aproxima bastante a esto: Salió de la universidad con una licenciatura en negocios, tecnología de la información, contabilidad o alguna otra área de especialista que primero aplicó con otros y luego, asumió más responsabilidades y se encontró liderando proyectos. En el camino, siguió formándose en gestión, asistió a conferencias con gurús de su campo y tomó clases para perfeccionar sus habilidades de liderazgo. Además de dominar la gestión de proyectos, probablemente usted sepa cómo delegar y trata su forma de trabajar como si fuera una ciencia. Si no, no habría conseguido llegar donde está. ¿Vamos bien? ¿Hemos sabido describirle?

Usted encontró algunos elementos de formación y desarrollo eficaz, pero en su mayor parte, ha aprendido trabajando, observando a otras personas, metiéndose en su "onda", descubriendo sus fortalezas y compensando sus puntos débiles, como la comunicación, por ejemplo. Puede que haya sentido que comunicarse efectivamente con sus superiores, compañeros y los empleados que le reportan directa o indirectamente le resulta frustrante. Usted debe ser consciente de que su línea de aprendizaje es "empinada" en este aspecto y que ha de poner medidas.

En este punto, le invitamos a que usted reconozca sus responsabilidades en todos los aspectos de su iniciativa de cambio incluyendo la Adopción. Puede que piense que lo hemos mezclado con todos los demás. La verdad es que no, así que tenga paciencia con nosotros mientras desarrollamos el resto de esta etapa de la Ruta Adaptada. A medida que iremos concretando los diferentes sistemas de administración para el desarrollo de personas, las ideas conceptuales que hemos descrito antes en este capítulo comenzarán a entrar en escena.

Si no olvida que usted siempre ha de estar guiando desde el frente, usted va a comenzar a identificar los conceptos que está asimilando con nosotros no sólo como algo fundamental para sus grupos de interés, sino como algo también esencial para la construcción y el crecimiento de sus propias destrezas.

Uno de los principales retos para los directivos es que tienen experiencia en muchas cosas mientras no dominan totalmente. La mayoría de lo que hace es delegar y esforzarse por hacer a los demás responsables. Es un trabajo complejo. Hemos descubierto que, con las herramientas adecuadas de conocimiento y apoyo, nuestros clientes lograron situarse a la altura del desafío, a veces sorprendiéndose a sí mismos. Vivir ese momento del "Ajá, ¡esto es!" es absolutamente gratificante, para usted y también para nosotros porque juntos estamos aprendiendo acerca de nosotros mismos mientras guiamos a otros.

Los adultos comparten criterios de aprendizaje muy definidos

Mientras que otros han intentado construir sus versiones personales sobre la teoría del aprendizaje para adultos, nadie se atreve a cuestionar a Malcolm Nobles, pionero en este campo. Compartimos completamente sus criterios que podemos resumir en los siguientes principios:

- **Los alumnos tienen necesidad de aprender.**
  Los facilitadores ofrecen nuevas posibilidades, aclaran las necesidades del alumno y luego diagnostican las lagunas entre el desempeño actual y los resultados óptimos.

- **El ambiente que rodea el aprendizaje es importante.**
  Se caracteriza por el confort físico; el respeto mutuo, confianza y amabilidad; libertad de expresión; y aceptación de diferencias.

- **Los estudiantes acreditan su experiencia de aprendizaje.**
  Los facilitadores incluyen a los estudiantes en un proceso de explicación del aprendizaje mutuo.

- **Los estudiantes participan activamente en el proceso de aprendizaje.** Existen infinitas maneras de involucrar a los estudiantes adultos, incluyendo dándoles opciones para que elijan cual les interesa más.

- **El proceso de aprendizaje aprovecha la experiencia del receptor.** Los facilitadores necesitan orientar la presentación de sus propios recursos a los niveles de experiencia de los educandos, haciendo el aprendizaje más relevante e integrado.

- **Los alumnos tienen un sentido de progreso pensando en sus metas.** Los facilitadores necesitan hacer de la experiencia un proceso para alcanzar objetivos de aprendizaje.

- **Estudiantes y facilitadores colaborarán en el proceso de evaluación.** Esto refleja la filosofía de honrar a sus empleados como adultos. Y además, hemos comprobado que la evaluación conjunta enriquece el aprendizaje.

Elementos esenciales de la Adopción

Usted ya ha aprendido cómo funciona La Ruta Adaptada y ha desarrollado destrezas para comprender el papel crítico y complejo de las partes interesadas. ¡Ahora es tiempo de jugar! Aquí están algunos puntos a tener en cuenta mientras interactúa con las partes interesadas, en todos los niveles de cadena de su organización.

- No todo se basa en el aprendizaje, aunque es, por supuesto, fundamental. Se trata de actuar, tanto cuando trabajamos como cuando aprendemos, con entusiasmo y competencia.

- Después de una intervención, analice qué funcionó y qué no. Si esto le parece demasiado trabajo, considere el agujero del que tendrá que salir si decide no hacerlo. En ese caso, tal vez nunca lograría recuperar su credibilidad y habría perdido esa oportunidad de oro que sólo da el impulso del principio del proceso.

- Reconozca que el proceso de gestión de una cultura de aprendizaje continuo y eficaz basado en el desempeño es más complicado en la Adopción que en la Aceptación. En esa fase, la Ruta Adaptada se centra en determinados acontecimientos que suceden en tiempo real, y estrategias que se realizan en tiempo diferido para mantener a las personas informadas y actualizadas sobre la iniciativa de cambio.

El Plan de Aprendizaje de Rendimiento

Planee revisar el Plan de Aprendizaje de Rendimiento (repase la sección de Recursos) para que tenga una ideal global de la estrategia que su personal de capacitación y desarrollo utilizará para crear sistemas de entrega basados en nuestro modelo de aprendizaje.

La siguiente gráfica representa un elemento fundamental de nuestro Marco de Ruta Adaptada. Destacados expertos en este sector validan lo que hemos recopilado con los años a través de nuestros trabajos con nuestros clientes.

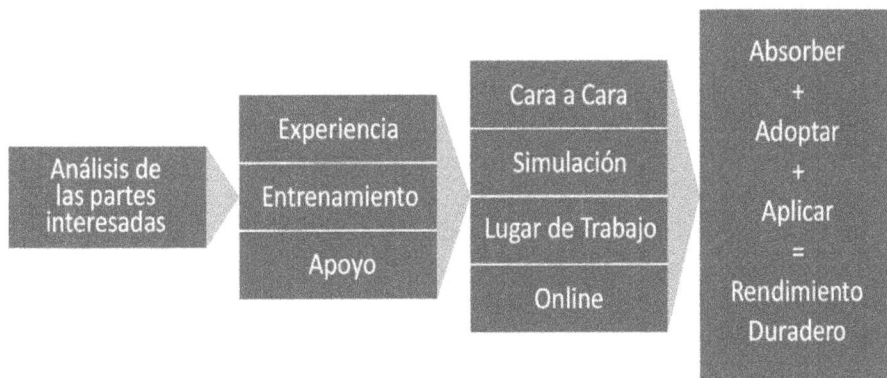

Figura 8 – Modelo de Aprendizaje de KDi para un Rendimiento Sostenible

Utilizando nuestro modelo de aprendizaje durante el diseño, el desarrollo y entrega de experiencias de aprendizaje fortalece el aprendizaje y las intervenciones de apoyo al desempeño.

Porque las personas no aprenden nuevas habilidades y adquieren conocimientos pasivamente, recomendamos:

- Instrucción, seguida de capacitación.
- Simulaciones de situaciones del mundo real para que la gente pueda practicar con seguridad.
- Fomentar la figura del mentor informal en el lugar de trabajo
- Ofrecer apoyo para un buen rendimiento en el momento que se necesite.

Es emocionante descubrir que a lo largo de nuestro ciclo de Concientización, Aceptación y Adopción los individuos, y los grupos también, no sólo cambian de mentalidad sino que aprenden. En cierto modo, todos se hacen responsables de su instrucción. Pensamos que cuando cualquier tipo de intervención de aprendizaje se queda corta, como a menudo sucede, es porque las organizaciones fallaron en adoptar prácticas que reflejen todo lo que necesitamos para llegar al punto de autodescubrimiento que es lo que permite una Adopción sostenible.

Qué hace que nuestro marco de Adopción sea único

Primero y fundamentalmente, se basa en un Análisis de las Partes Interesadas que utiliza nuestra potente Red de Apoyo al Cambio. Refresque y revise sus notas sobre el marco de la Ruta Adaptada. Encueste de nuevo a sus empleados para preguntarles qué funciona y qué no y luego comparta los resultados con sus equipos de Apoyo al Rendimiento. Recuerde a los empleados que deben acceder a ellos cuando tengan un problema. Después recurra a la analítica para comprobar los temas que los empleados han buscado con más frecuencia, que probablemente son los que más les preocupan o los que menos entienden.

Una estrategia de rendimiento sostenible puede ser tan informal como un supervisor entrenando a un empleado sobre cómo funciona una nueva herramienta, o tan sofisticada como las bases de datos entregadas a dispositivos móviles que conllevarán una mayor producción del personal. Esta estrategia puede tomar muchas formas, pero esas formas tienen características comunes, incluyendo el ajuste con las necesidades de rendimiento.

Mientras que aprender en un entorno digital autodidacta necesita ser considerado por sus múltiples beneficios, este tipo de aprendizaje debe basarse en la comunicación en tiempo real, en persona y online. Los sistemas de entrega deben seleccionarse basados en un principio fundamental, que no es otro que la base que sustenta nuestra filosofía de trabajo: que la gente y la calidad de una auténtica comunicación son más importantes que cualquier otra cosa.

Ninguno de los sistemas de entrega que proponemos en este plan de acción será útil como única respuesta a un desafío fundamental de aprendizaje y cambio de actitud. Como el resto de la Ruta Adaptada que planteamos, el éxito de la Adopción es la confluencia de un conjunto de experiencias que resultan en beneficios y que todas las partes interesadas pueden utilizar inmediatamente, con opciones para profundizar y ampliar el aprendizaje recibido en el momento que lo deseen. Seleccionar un variado menú de sistemas de administración proporcionará oportunidades para diferentes estilos de aprendizaje para que la gente experimente lo que es más natural y confortable para ellos. Una vez situados en esa posición, psicológicamente más segura, podrán practicar expandiéndose a otros métodos que no les sean tan familiares y no formen parte de sus virtudes naturales.

Todos, desde el Director General hasta el personal de línea, deben comprometerse y participar en aprender nuevas habilidades y abrirse a nuevas formas de pensar para garantizar el éxito de la iniciativa del cambio.

La alta gerencia debe liderar la Adopción

Esto significa que los sistemas de entrega para el apoyo al aprendizaje y el rendimiento no son del dominio exclusivo de Recursos Humanos, Desarrollo Organizacional o de los departamentos de formación, sino que están estratégicamente dirigidos por altos directivos que son los últimos responsables de garantizar una óptima eficacia en el proceso de Adopción. Los equipos de diseño de instrucción impulsan al desarrollo pero no a la estrategia. De lo contrario, los que se sometan a entrenamiento tendrán una vista microscópica y no telescópica de la situación.

En comparación con los métodos tradicionales en que la administración toma una decisión y la formación se inicia a la vez, en el caso de los sistemas claves para la Adopción que proponemos, los programas de entrenamiento deben integrarse en el ciclo de implementación.

Para verlo en un ejemplo práctico, les detallamos a continuación cómo nuestro modelo de aprendizaje ayudó a uno de nuestros clientes:

Una empresa con sede en Singapur compró el software de gestión Unitrust con un procesador de datos para gestores de fondos en más de veinte centros de inversión. El objetivo era mejorar significativamente la capacidad operativa de la empresa mediante la racionalización del flujo de trabajo existente y compartir grandes cantidades de información que hasta ese momento no era accesible a determinadas personas.

Pero comprar ese costoso sistema operativo no resolvió el problema. Cuando la empresa lo puso en marcha, capturó información pero no mejoró el flujo de trabajo, convirtiendo toda esa información en algo inútil para los frustrados empleados. ¿Qué había pasado? Pues que los procesadores no habían sido rediseñados para atender las necesidades del trabajo cotidiano que necesitaban mejorar.

Después de analizar la situación del cliente, decidimos crear escenarios con un flujo de trabajo todavía mayor y entonces entrenamos a los operadores y a los responsables de grado medio, al tiempo que preparamos a los altos directivos para que todos fueran conscientes de la situación y se implicaran en la solución. Utilizando los criterios de nuestro modelo de aprendizaje, iniciamos las estrategias de instrucción pertinentes.

También dimos formación poco densa pero esencial. En lugar de someter a los empleados a horas y horas de entrenamiento, les proporcionamos una rápida introducción a las novedades más importantes. Con lo básico ya aprendido, a continuación, les facilitamos una serie de escenarios empresariales que sabíamos iban a encontrarse, ilustrando nuevas y productivas formas para trabajar individualmente y en equipos utilizando el nuevo sistema. Lo más importante es que enfocamos nuestros esfuerzos de capacitación en enseñar de forma práctica a los empleados cómo encontrar respuestas a sus problemas, justo en el momento en que ellos se encontraban atorados y confundidos.

Estas intervenciones de aprendizaje fortalecieron la transferencia de conocimiento mediante el apoyo al rendimiento en las aplicaciones de Microsoft para asegurarnos de que los empleados iban a ser capaces de resolver sus propios problemas con dos clics y diez segundos.

Este ejemplo demuestra nuestra filosofía de que el apoyo al

rendimiento debe ser sensible al contexto y a la vez proveer "el justo" apoyo para que los empleados regresen a trabajar rápidamente y con ganas.

La Adopción, un cometido sustentable

Después de haber dirigido con éxito los ciclos de Concientización y Aceptación, todos en la organización habrán participado ya en sistemas de entrega que ahora, en la fase de Adopción, les resultarán familiares. Añadir entrenamiento online y acciones de apoyo al rendimiento se convierte en una extensión natural de los principios de comunicación interactiva que su personal ha estado experimentando durante todo el ciclo de implementación.

Mientras que el Plan de Aprendizaje de Rendimiento en la sección de Recursos es esencial para los equipos que desarrollan intervenciones de aprendizaje, para usted, adoptaremos un enfoque que creemos encontrará más relevante desde una perspectiva estratégica. Familiarícese todo lo que pueda con el plan de Adopción para que pueda tener conversaciones con conocimiento de causa cuando hable con su gente de los departamentos de desarrollo y capacitación.

El Dr. Conrad Gottfredson y Bob Mosher de Ontuitive, una firma que ayuda a empresas a mejorar su rendimiento, creen que actualmente vivimos en un mundo que definen como el de la "activación de conocimiento", que incluye conceptos y tareas que se ponen de manifiesto con nuestra competencia a la hora de ejecutar de forma continuada nuestro trabajo cada vez mejor.

Ellos han identificado 5 momentos de necesidad de aprendizaje:

- Aprender por primera vez.
- Aprender más.
- Aplicar lo que hemos aprendido.
- Averiguar qué hacemos cuando algo sale mal.
- Averiguar qué hacemos cuando algo cambia.

Creemos que Gottfredson y Mosher lo resolvieron. Más allá de todas las teorías de aprendizaje y complejidades para el diseño de instrucción, estos "momentos de necesidad" nos pueden guiar efectivamente en aquellos puntos donde tenemos que aprender más. En el caso de individuos y grupos, podemos utilizar estrategias que pensemos logren proporcionar esos "momentos de necesidad" de la manera que puedan aprenden mejor. Hay que ser flexibles en los métodos porque lo importante es que el receptor perfeccione sus destrezas y conocimientos.

Como ejemplo, queremos hablarles de una investigación sobre el cerebro que se aplicó en mejorar el rendimiento. Para apoyar la formación online, es esencial dar una respuesta completa sin pasar a una nueva página o pantalla. Esto es así porque la mente cambia de pensamiento cuando los ojos miran a otra parte.

¿Alguna vez ha ido a un cuarto con un propósito en mente, y cuando ha llegado no se acuerda para qué ha ido? Pues, buenas noticias. Resulta que las puertas son las culpables de los lapsos de memoria que a veces tenemos. Los Psicólogos de la Universidad de Notre Dame de Indiana, han descubierto que el hecho de cruzar una puerta provoca lo que se conoce como "el efecto de frontera" en la mente, separando un conjunto de pensamientos y recuerdos del siguiente. Su cerebro archiva en un lado el pensamiento que tenía en la habitación anterior y prepara una página en blanco en su cerebro para el nuevo escenario.

Hay que crear un ambiente positivo para el desarrollo de personas

Su equipo, y especialmente su Red de Apoyo al Cambio, son expertos en la materia. Usted ha estado colaborando ofreciendo una visión estratégica del proceso de cambio mientras se convertía en un líder más operacional. Sabe lo que ha funcionado, y a través del análisis continuo de las necesidades, entiende lo que sus grupos de interés saben. También tiene localizadas las brechas de conocimiento y motivación. Ahora es el momento para colaborar con los departamentos de capacitación.

Estas son algunas pautas básicas que le ayudarán a cimentar su experiencia:

- Demuestre una posición bien definida en la que deje ver que está al cargo de las intervenciones de aprendizaje porque es el máximo responsable, mientras que los departamentos de capacitación y desarrollo tienen la tarea de llevarlas a cabo. Ponga esto claro por adelantado. Usted no querrá que el departamento de capacitación le diga lo que se necesita en lugar de analizarlo en colaboración con usted.

- Revise y modifique el Análisis de Necesidades descrito en el Capítulo

Cinco para que cubra lo que ha aprendido de las partes interesadas en las etapas de implementación.

- A medida que el desarrollo de las intervenciones progresa, esté preparado para mediar entre las Tecnologías de Información y el departamento de capacitación, especialmente si sus planes incluyen aprendizaje online y el apoyo al rendimiento. Su mantra a partir de ahora es este: la formación necesita impulsar a la tecnología, y no a la inversa.

Investigue con los que dirigen el desarrollo de personas

Preguntas como las siguientes lo situarán como líder estratégico del proceso de Adopción:

- ¿Ha tenido la oportunidad de trabajar en las fases de Concientización y Aceptación de esta iniciativa de cambio? ¿Cómo cree usted que lo aprendido puede ayudarle con la implementación de la etapa de Adopción?

- ¿Qué considera como intervenciones de entrenamiento con éxito de las cuales haya sido responsable o de las que haya aprendido algo?

- ¿Qué estrategias cree han funcionado mejor para motivar a sus trabajadores a emprender nuevos retos de aprendizaje?

- ¿Cómo podemos reducir la resistencia a aprender nuevas habilidades? Nota: El conocimiento y el aprendizaje son claves para la Adopción, particularmente cuando se trata de nuevas habilidades que puedan crear incertidumbres y requieran nuevas técnicas.

- ¿Qué tipo de estrategias podemos usar para aprovechar la diferente forma de aprender que tenemos las personas? ¿Cómo, por ejemplo, debería estar diseñado el aprendizaje para el equipo de ventas en comparación con el de los auxiliares administrativos?

Antes de continuar, tome nota de un detalle importante

Aprender al ritmo adecuado para cada uno en un entorno digital es algo que debe ser considerado seriamente por sus múltiples beneficios, pero todo lo que podamos considerar cimientos del aprendizaje debe hacerse en comunicación a tiempo real, en persona y online. Las necesidades del sistema de entrega deben seleccionarse basándose en el principio fundamental de que las personas y la calidad de las comunicaciones auténticas son el fundamento de toda iniciativa de cambio y son más importantes que cualquier otra cosa. Ninguno de los sistemas de entrega del plan de acción que detallamos en la sección de Recursos, si se aplica como única respuesta, será útil para propiciar un cambio de actitud favorable al aprendizaje.

Los líderes deben estar involucrados en su propio ciclo de aprendizaje

El éxito de un proceso de adopción depende fundamentalmente de que las experiencias fluyan. Y que éstas se perciban por las partes interesadas como beneficios inmediatos pero también como una opción de futuro para seguir profundizando y ampliando su aprendizaje. Usted y su equipo también necesitan iniciar su propio entrenamiento de desarrollo para que su liderazgo se vuelva cada vez más fluido, basado en situaciones concretas, y considerablemente más adaptable. Todos los directivos veteranos necesitan tener un alto conocimiento del sistema que resulte más eficaz para un aprendizaje que apoye el rendimiento. Nosotros les aconsejamos que faciliten, o al menos atiendan personalmente a algunas de las sesiones que se programen en su Plan de Aprendizaje del Rendimiento, como se detalla en la sección de Recursos, así tendrán una comprensión tangible de cómo progresan los diferentes grupos de partes interesadas. También comprobarán de primera mano, algo muy importante, los desafíos a los que se enfrentan para adaptarse a procesos de trabajo desconocidos y posiblemente más complejos.

Aconsejamos que los representantes del Equipo de Implementación, especialmente la Red de Apoyo al Cambio, se coordinen con los departamentos de capacitación para tomar también algunos de los módulos de aprendizaje que están tomando sus empleados. Esto es una oportunidad fantástica para que la Red de Apoyo al Cambio experimente directamente, y pueda entender y atender mejor las inquietudes de los grupos de interés. ¿Se imagina lo aliviados que se sentirían un grupo de empleados de logística, sin experiencia en aprendizaje online, si alguien de la Red de Apoyo al Cambio se sentara con ellos a tomar un café y pudieran hablar de las dificultades que tuvieron mientras hicieron los ejercicios, y explicar también las ventajas que encontraron una vez que se familiarizaron con el nuevo entorno?

El equipo de implementación necesita animar a los encargados de desarrollar el plan a adaptar un variado menú de estrategias de entrega. Esto proporcionará oportunidades para las personas con una variedad de estilos de aprendizaje y estilos operacionales para poder practicar de la forma que resulte más natural para ellos. De esa forma, se sentirán más seguros psicológicamente y pronto podrán experimentar, saliendo de su zona de confort, con métodos más difíciles. Aprender siempre estimula a crecer y desear saber más.

Consejos para mantener una actitud activa durante la Adopción

- **Manténgase estratégico**

  En esta parte del ciclo, hemos tomado una táctica diferente que en los capítulos sobre Concientización y Aceptación. Eso es porque su función en las etapas anteriores es más directa que en la Adopción. No por eso menos importante. En este caso, usted conferirá el papel de Adopción a otro grupo que tenga experiencia en cómo aprenden las personas y en cómo diseñar y presentar ese aprendizaje.

  El Plan de Aprendizaje de Rendimiento se prepara para que pueda tener conversaciones pertinentes con Recursos Humanos y los responsables de capacitación. Usted querrá volver a este capítulo con frecuencia para que pueda evaluar si los programas que están diseñando y ofreciendo a los interesados cumplen con las necesidades inmediatas de su iniciativa de cambio y construyen una cultura organizacional enfocada en el aprendizaje como una respuesta proactiva al cambio rápido y a menudo inesperado.

- **Venda beneficios**

  Revise el capítulo seis centrándose en la narración así como en la "adhesividad" de la que le hablábamos antes. Lleve a un gerente de marketing a almorzar y empújele a pensar hasta que consigan ideas para vender bien todos los beneficios que conllevan el aprendizaje.

- **Piense en grande pero empiece por lo pequeño**

  Esto se aplica particularmente a las inversiones en tecnología. Las historias de enormes inversiones en tecnología – en las que los líderes no tenían ni idea de cómo se utilizaban esos sistemas – forman parte de la leyenda. Hace dos décadas, todos querían subirse al vagón tecnológico, una respuesta ficticia a todos nuestros desafíos de aprendizaje. Al trabajar con los expertos en desarrollo puede diseñar un plan que maximizará la tecnología aprovechando eficazmente sus puntos más fuertes. Bajo ninguna circunstancia usted debe poner sus iniciativas de aprendizaje en las manos de una máquina.

- **Apueste por lo tangible**
  Recomiende estrategias concretas lo más palpables posible para las personas.

- **Lidere en cada fase de la Ruta Adaptada**
  Use intervenciones cara a cara, a partir de la fase de Concientización, pasando a la Aceptación y luego a la Adopción.

- **Fomente el apoyo al rendimiento**
  Utilice un espectro de estrategias, pero enfóquelas fundamentalmente online para que todos obtengan ayuda cuándo y dónde les sea necesario.

- **Ofrezca nuevas técnicas para impulsar la formación interactiva**
  Estos procesos deben ser cara a cara, online, o una combinación de ambas.

- **Recuerde que una estrategia que funciona en una parte del ciclo puede no funcionar en otro**
  Por ejemplo, en lugar de giras, o actos externos, que son extremadamente eficaces para asegurar la Aceptación, contemple en la fase de Adopción ofrecer una serie de seminarios antes de lanzar nuevos métodos de aprendizajes porque pueden ser más eficaces que una gira.

- **Promueva la instrucción informal con el Plan de Aprendizaje al Rendimiento**
  Recuerde que aunque se aparte un poco de lo corriente, el aprendizaje informal es muy importante y además ocurre todo el tiempo aunque no seamos conscientes y lo encontramos desde la sala de juntas hasta el comedor. Cuando se reúnen dos o más empleados, y empiezan a hablar del plan, se produce instrucción informal.

  Una parte de ese aprendizaje puede que no sea ideal, pero es recomendable: si las personas tienen un soporte más para su proceso de aprendizaje, las preguntas que hagan y las respuestas que obtengan serán de mayor calidad.

- **Ofrezca incentivos y recompensas**

  Hay un debate en curso en cuanto a si se debe ofrecer incentivos a quienes completan el entrenamiento o demuestran excelencia a través de pruebas de rendimiento.

  Mientras que en un mundo ideal, cada persona podría sentir su recompensa íntimamente, sin necesidad de incentivo, hay situaciones en las que un poco de sana competencia puede ser un buen motivador.

  Usted es el mejor juez de lo que funciona en su cultura organizacional. Si las recompensas son la única motivación, aumentar el rendimiento no será sostenible. Si, por ejemplo, su organización ha gastado tiempo y dinero en un plan de aprendizaje innovador para enfrentarse a un cambio importante, una competencia o recompensa para demostrar la excelencia podría ser apropiada.

¿A dónde vamos desde aquí?

Desde aquí, se trata de embarcarse en un cambio continuo. Sin ese compromiso total para conseguir la excelencia para usted y su organización, usted se encontrará en un ciclo en el cual cada iniciativa de cambio será una página en blanco.

Sin embargo, si adquiere el compromiso de liderar desde el frente, usted apuesta por un proyecto a largo plazo. Esto significa que usted y su equipo deberán estar en una permanente reflexión. Aproveche también para analizar qué funcionó bien, qué supuso una pérdida de tiempo, o, incluso, si hubo algo que pudo haber hecho fracasar completamente su proyecto y logró reconducirlo a tiempo. Repase todo. Lo que ha aprendido le será clave en el futuro para liderar cualquier otro plan de cambio que se proponga.

Cuando usted, de forma consciente y proactivamente, toma el control de un proceso de cambio, usted también cambia para siempre.

Una reflexión en grupo para conectar ideas innovadoras

Prepare el camino

Lea la historia de Nancy sobre el tornado y cómo esa experiencia define lo que es el cambio (Capítulo Uno).

Lidere a su equipo para meditar juntos sobre estas cuestiones

- ¿Qué piensa y qué siente ahora cuando le hablan de cambio?
- ¿Cómo otras personas de su organización perciben ahora el cambio?
- ¿Qué pruebas tiene de que es acertada su percepción de cómo otros han cambiado?
- ¿Qué piensa del trabajo que todavía le queda por hacer?

¿Quién tiene que ver con claridad todos estos puntos de vista?

(El Facilitador se pasea por la habitación y sostiene un espejo delante de cada persona). Es sencillo ejercicio del espejo nos gusta especialmente porque siempre provoca risas y fomenta la camaradería en los grupos de trabajo y confirma que estamos todos juntos en esto.

¿No cree que somos afortunados por no estar solos en este viaje?

Dirigir el Cambio

Rol de Liderazgo

Actualizar el futuro
Liderando desde el frente

Encauzar un Cambio Continuo

Lo que un líder necesita saber

¿Por qué pilotar un cambio continuo es esencial?

- La sostenibilidad sólo es posible cuando una organización adopta verdaderamente el concepto de cambio continuo.

- Se inicia reconociendo que una vía intermedia para el cambio progresivo hace tangible la visión a la que todos aspiramos.

- Mantenemos tanto la visión como el compromiso, teniendo siempre presente que una visión estancada nunca llegará a puerto porque ha de ser, por necesidad, un objetivo en movimiento.

¿Qué necesita para pilotar un cambio continuo?

- La innovación, entendida como un cambio sostenible sólo es posible cuando la hacemos y sentimos nuestra.

- Liderar desde el frente requiere flexibilidad, humildad y total compromiso.

- Reflexionar con otras personas, así como con nosotros mismos, es básico para navegar por un cambio continua.

CAPÍTULO NUEVE
Actualizar el Futuro

Para contextualizar la parte que trataremos en este capítulo, le presentaremos algunos posibles escenarios de futuro, pero tenga en cuenta que se trata sólo de tendencias y proyecciones basadas en lo que ya sabemos.

Cuando hablamos de cambio es como mudarnos a un tiempo futuro. Sin embargo, liderar el cambio es crear los apoyos necesarios -para nosotros mismos y nuestros grupos de interés- que nos ayuden a que las decisiones tomadas hoy puedan tener una influencia positiva sobre cómo lidiamos con el cambio futuro.

Le vamos a presentar ahora un escenario de planificación, una estrategia que le permitirá a usted y a su equipo introducirse en un espacio mental bastante diferente del que enfrenta en su trabajo cotidiano. Si lo hace bien, le permitirá gestionar un cambio inesperado porque usted ha estado ensayándolo utilizando la Ruta Adaptada para implementar las iniciativas de cambio planeadas.

Valores en el centro de nuestro Marco de Ruta Adaptada

- **Los cambios comienzan con la estructura organizacional**
  Las organizaciones basadas en la agilidad, en contraposición con las que funcionan con la tradicional cultura jerárquica, practican una constante migración positiva porque eso les permite una respuesta más flexible y rápida al cambio. En este tipo de estructuras más fluidas aumenta la necesidad de liderar desde el frente. Justo lo que usted está aprendiendo en este libro.

- **La gente es la impulsora del cambio**
  Conseguir objetivos, e ir pasando con éxito por las fases de Concientización, Aceptación, y en última instancia la Adopción, sólo es posible si se ganan los corazones y las mentes de todas las partes interesadas. Para ello, tanto el pensamiento analítico como el creativo deben ser fomentados en todos los niveles o en su organización.

- **Las personas se comunican y aprenden entre dos mundos**
  El mundo digital nos ha dado opciones para sacar el máximo provecho del mundo que nos rodea 24/7. Las personas deben aprender a equilibrar el contacto humano, cara a cara, con el mundo digital. No se trata de elegir uno o el otro sino de determinar en cada ocasión el mejor modo de comunicación para obtener los mejores resultados. Conseguir un buen grado de comunicación a todos los niveles contribuirá a que su fuerza organizativa sea también más sostenible.

Incluso en el peor escenario, el cambio es un deber del presente

Nuestra capacidad para dirigir en tiempos de crisis exige que usemos tiempos de relativa estabilidad para ajustar nuestras habilidades de liderazgo y aplicar las lecciones aprendidas siguiendo la Ruta Adaptada. Esto también nos ayuda a navegar en situaciones de cambio no planeadas, que nos invaden muy rápido, de forma impredecible, y a veces creando ambientes catastróficos.

No es casual que nuestro modelo esté bien posicionado para trabajar de forma eficaz con lo que sea que el futuro nos depare. Nuestro modelo le ayudará a crear en su organización lo que llamamos "músculos para el cambió" que no es otra cosa que esa agilidad que irá construyendo día a día, a medida que ejercita cotidianamente el proceso.

La llamada que teme y la realidad de que ese día vendrá

Las directrices más difíciles de entender son las que tienen su origen en situaciones de enormes crisis. Los maremotos que periódicamente devastan el planeta han sido significativamente peores en áreas donde los líderes no se prepararon para un suceso que fracasaron a la hora de prever. Esta realidad aumenta la urgencia para la implementación de iniciativas de cambio que incluyan también un plan sólido para operar eficazmente en momentos de crisis. Nuestros clientes saben que prepararse para lo inesperado les comporta beneficios. Un cambio de mentalidad y cultura empresarial genera de forma automática líderes flexibles y estos siempre saben cómo sacar el mejor rendimiento de la fuerza que tienen las Redes de Apoyo al cambio.

Piense por un momento lo desastroso que podría haber sido el huracán que azotó Nueva York a finales de 2012 si los gobiernos no se hubieran preparado para enfrentarse a todo tipo de emergencias tras los atentados del 11-S. Aturdidos todavía por el trauma, los líderes de la ciudad identificaron lo que necesitaban hacer para mejorar e inmediatamente se pusieron manos a la obra. Y aunque es cierto que su respuesta al huracán no fue, ni mucho menos óptima, inmediatamente después empezaron a analizar de forma estratégica lo ocurrido para aprender de los fallos y prepararse mejor para la próxima gran emergencia. La realidad es que vivimos en un mundo en el que cuando pensamos en la posibilidad de un desastre ya no nos preguntamos "¿y si ocurre?", nuestra duda es "cuándo" va a ocurrir.

Qué dicen los expertos en tendencias

En su libro aún no traducido al español, *Foresight 2020*, Jack Uldrich y Simon Anderson identificaron algunas tendencias generales que vale la pena considerar:

- Las mejoras en los procesos y en la automatización continuarán siendo una prioridad para muchas empresas.

- La búsqueda para mejorar la competitividad cada vez se centrará más en mejorar la productividad y el rendimiento de los trabajadores del conocimiento. Enfatizamos mucho este punto en nuestro trabajo diario y queda validado por aquellos clientes que adquieren un compromiso sostenible respecto a la Adopción tras operar con nosotros.

- La especialización será una tendencia determinante tanto en el nivel organizacional, como en el resto de la cadena laboral. Las industrias se polarizarán para poder atender la alta demanda de bienes de consumo. Se incrementará la externalización buscando lugares donde se produzca mejor. Los productos y los servicios serán más personalizados.

- La colaboración dentro y fuera de las empresas se ampliará y profundizará en la medida en que los equipos internos aprendan a trabajar con diferentes zonas horarias y varias funciones, los clientes exijan más a las empresas, y las empresas hagan lo mismo con los proveedores. Saber relacionarse y moverse en este tipo de ambientes se valorará enormemente en el mundo empresarial.

- La tecnología ayudará a los trabajadores del conocimiento a que desempeñen mejor su labor gracias a nuevas herramientas de colaboración y comunicación, junto con nuevas formas de almacenar, filtrar y recuperar los datos no estructurados. También dispondrán de mecanismos de apoyo que les ayudarán a tomar decisiones mejor fundamentadas que, en definitiva, ampliarán y mejorarán sus habilidades de análisis y uso del conocimiento.

- Las organizaciones serán cada vez más horizontales y menos jerárquicas. A los empleados se les dará una mayor autonomía de decisión y participarán más activamente en la planificación corporativa. Se necesitarán expertos en desarrollo del Conocimiento Económico en todos los niveles de la organización.

Ernst & Young identificó las seis tendencias que creen redefinirán el éxito en los negocios en un futuro muy próximo. Las compartimos totalmente y pensamos que es importante interiorizarlas para pasar a la acción lo antes posible.

- El creciente dominio político y económico de los mercados emergentes hará que las empresas globales repiensen y personalicen sus estrategias corporativas.

- El cambio climático seguirá siendo prioritario en la agenda en tanto las empresas busquen explorar la eficiencia de los recursos para mejorar sus resultados e impulsar su ventaja competitiva.

- El panorama financiero cambiará extraordinariamente porque aumentarán las regulaciones y la intervención de los gobiernos impulsará reestructuraciones y nuevos modelos de negocio.

- Los gobiernos desempeñarán un papel cada vez más destacado en el sector privado como consecuencia del aumento de las regulaciones y el incremento de las presiones fiscales que marcarán la agenda.

- Las innovaciones de los mercados emergentes y la necesidad que habrá de tener una comunicación instantánea en cualquier momento y en cualquier lugar impulsará a la tecnología a su próxima evolución.

- Los líderes necesitarán abordar las necesidades y aspiraciones de una, cada vez más diversa, fuerza laboral del siglo XXI.

Pare un momento y piense cómo cada una de estas tendencias podría afectar, y de qué manera, el funcionamiento de su organización.

Plantéese cómo otras tendencias impactan su organización

Para completar este resumen, queremos recordar las cinco tendencias de futuro que señala el Departamento de Investigación de la firma Knoll. Las dos primeras tendencias han existido desde hace más de un cuarto de siglo:

- Continuará la distribución de organizaciones en las que un número creciente de empleados trabaja de forma remota o en combinación con entornos presenciales.

- Aumentará la disponibilidad de apoyo tecnológico y herramientas de colaboración social en un ambiente que propiciará más velocidad para los cambios.

Las otras tres tendencias se centran en aspectos humanos. Aquí no hay sorpresas:

- Cada vez más, tendremos escasez de trabajadores del conocimiento, un reto que ya enfrentamos con nuestros clientes llevando la adopción de estrategias que dan apoyo al rendimiento al centro de la mesa de discusión desde ahora mismo.

- La demanda de mayor flexibilidad laboral.

- La presión por organizaciones más sostenibles y estilos de trabajo.

Una forma distinta de planificar para un mundo caótico

Imaginemos un viaje lleno de contratiempos:

Usted es el conductor en un viaje de varios días por carretera. Cuando circula por la ciudad es un conductor competente, pero nunca ha conducido en carreteras. ¿Qué sabe ya? ¿Qué habilidades necesita, y cómo las aprenderá sin tener que meterse en una carretera y arriesgarse a un accidente?

Ahora compliquemos un poco esta historia. Imagínese que nunca ha conducido. Pero que después de hacerlo por un rato, hay una emergencia, y usted tiene que seguir al volante en un viaje extremadamente agotador por un terreno desconocido para usted, por una peligrosa carretera de montaña y, de vez en cuando, atravesando tramos inundados.

En el primer escenario, usted está de alguna manera calificado para conducir, aunque desearía tener más práctica conduciendo por autopista o carreteras normales para acumular lentamente la experiencia necesaria para conducir con garantías

El segundo escenario implica peligros que podrían terminar en desastre. Esta es claramente una situación imprevista de proporciones críticas porque usted está circulando por caminos para los cuales no está preparado, sin provisiones, y sin un vehículo que le ofrezca las garantías necesarias para conducir por esas carreteras aterradoras que pueden convertir su viaje en una fatal aventura.

Esta es la esencia de la Ruta Adaptada en la que usted adquiere conocimientos liderando a través de iniciativas de cambio planeado.

Ahora piense cómo el primer escenario que le hemos presentado puede darle las habilidades básicas para conducir, y que le serán tremendamente útiles cuando se vuelva a encontrar con las manos en el volante, conduciendo a toda velocidad por un terreno totalmente desconocido para usted.

Como le hemos demostrado con los ejemplos del viaje en carretera, los escenarios no son difíciles de recrear si usted los simplifica en los siguientes pasos:

- Identifique un elemento que podría conllevar a su organización a una situación de desastre en el futuro.
- Confirme si su equipo acepta o si al menos está abierto a participar.
- Fije el tiempo necesario y asegúrese de que no habrá distracciones.
- Utilice una historia cautivadora para dar vitalidad a un problema.
- Trabaje con un facilitador experto.

Esa fue la parte de organización. La parte complicada será qué hacer con los conocimientos que adquiera en las sesiones de planificación de posibles escenarios. Allí es donde entrarán en juego su compromiso y el de su equipo en colaboración con un facilitador. Si usted no utiliza estos escenarios para mejorar las habilidades de liderazgo y cambiar los procesos desde ahora, ellos no le serán útiles cuando se le presenten situaciones de cambio reales. Definitivamente no le ayudarán si se precipita hacia el abismo y lo hasta ahora normal se convierte en caos.

> Los escenarios se manejan entre dos mundos: el mundo de los hechos y el mundo de las percepciones. Ellos exploran los hechos pero apuntan a las percepciones dentro de las cabezas de los que toman decisiones. Su propósito es reunir y transformar información de importancia estratégica en percepciones frescas.
>
> Harvard Business Review

Un vistazo a los aspectos básicos de la planificación de escenarios

La planificación de escenarios es un enfoque estructurado que nos permite visualizar de qué manera diferentes alternativas pueden desarrollarse en un futuro. Este tipo de aproximación es igualmente importante en organizaciones grandes o pequeñas. Pero no se confunda, en ningún caso se trata de predicciones o pronósticos. Son simplemente análisis que nos ofrecen argumentos razonados que nos ayudan a entender cómo tendencias y situaciones actuales pueden desarrollarse, siguiendo criterios lógicos, dibujándonos escenarios futuros muy aproximados Por otro lado, hay que tener presente que si las tendencias evolucionan de manera diferente, los análisis, estrategias y aproximaciones resultantes también cambian.

Los escenarios no se centran tanto en el *cómo* sino sobre el *porqué*. Los escenarios no necesitan ser obligatoriamente complicados, pero si han de estar bien estructurados. No le serán de ninguna utilidad a menos que usted sepa muy bien por qué ha optado por ese tipo de procedimiento y sepa utilizarlo para sacarle el máximo provecho. Le podemos asegurar que no es algo que se logre en una tarde.

Una cosa sí podemos decirle con certeza: la planificación de escenarios funciona porque contiene elementos teatrales. No se sorprenda de lo que acabamos de decir. Piénselo. En lugar de ser un observador, usted y su equipo son los actores del guion que han creado. Hablen y maduren juntos su idea como si de un ensayo se tratara. En una obra de teatro todo está sincronizado. Todo encaja como parte de un argumento que todos saben desde el principio hasta el desenlace. Si trabajan así disfrutarán del momento. Incluso verán si conviene cambiar líneas del guion, o actores. ¡No hay ninguna razón para que un trabajo serio como el suyo no pueda ser también agradable y entretenido! ¿No cree?

Una vez que usted y su equipo adquiera cierta experiencia con la planificación de escenarios, esta se vuelve mucho más fluida, y usted comenzará a descubrir cómo incluir a otros actores, otras partes interesadas, de arriba y debajo de la cadena organizativa. Aunque se lo hemos explicado utilizando una forma relajada, con la metáfora teatral, queremos dejar claro que esta es una parte muy seria y que no debe abordarla de forma baladí o muy informal. No obtendría ningún resultado y además daría a todos los involucrados una impresión muy negativa. A modo de guía, utilice estas cuatro preguntas como puntos de referencia para su viaje:

- ¿Qué pasaría si...?
- ¿Entonces qué?
- ¿Qué podemos hacer ahora?
- ¿De qué forma nos ayuda esto a prepararnos para un cambio imprevisto?

Recuerde, ésta es sólo una aproximación muy general a cómo debe enfrentarse a la planificación de escenarios, partiendo de la base que siempre se convierten en un instrumento muy práctico para diseñar su estrategia. Se lo hemos querido apuntar aquí porque le ayudará a navegar mejor en su proceso de cambio continuo.

Además, planificar escenarios le da respuestas a posibles dudas que puedan surgir. Usted sabrá que está en el camino correcto cuando alguien de su equipo le pregunte: *¿De qué manera nos ayuda eso a resolver este problema?* Si tienen la respuesta es que van por buen camino

¿A dónde vamos desde aquí?

Una preparación bien ejecutada les será de gran ventaja a usted y a su equipo porque les ayudará a manejar el cambio tanto en los próximos diez minutos, como en los próximos diez años. Es la base de todo lo demás y esto puede marcar la diferencia entre el éxito y el fracaso cuando concluya este emocionante viaje y las cosas vuelvan a la "normalidad".

Por mucho que queramos pensar lo contrario, la parte de nuestro cerebro que funciona como si se tratara de un piloto automático aún opera como si estuviera en el siglo XX y lucha desesperadamente contra el cambio que nuestro lóbulo frontal sabe que es necesario. La única manera que podamos controlar la parte no verbal de nuestro cerebro será construyendo un liderazgo fuerte y positivo lleno de experiencias basadas en la "nueva normalidad". De esta manera su liderazgo será no sólo natural, sino también efectivo.

CAPÍTULO DIEZ
Liderar desde el frente

Las tendencias en el desarrollo del liderazgo están cambiando muy rápidamente. No nos referimos al concepto de liderazgo en sí mismo, sino al acto de desarrollarse y crecer interiormente mientras ejercita de mentor en otros. Esta forma de actuar le ofrecerá infinitas oportunidades para demostrar cómo se lidera desde el frente cuando se asume conscientemente el desafío del cambio. Usted y su equipo seguirán trabajando eficazmente mientras se adaptan al cambio permaneciendo fieles a sí mismos. Se trata de encontrar el equilibrio mientras construye y fortalece su fuerza interna y sigue manteniendo relaciones productivas con los demás.

Tiene que acostumbrarse a utilizar varios "sombreros" que irá intercambiando según el rol que desempeñe mientras lidera. Tal vez, sus superiores y colegas vean esos "sombreros" de forma diferente, y también su personal puede hacerse una imagen distinta. Usted mismo, cuando se mire en el espejo percibirá esos "sombreros" también de una forma distinta. Será maleable a la realidad que le rodea. Maleable, honesto, y fuerte porque mientras gestiona sus múltiples funciones, es esencial que usted, como líder, tenga una sana auto-conciencia, monitoreándose de forma permanente para asegurar que está siendo fiel a sí mismo. Lo que significa que también es fiel a los demás.

En este capítulo, le ofreceremos algunas estrategias y recomendaciones para liderar desde frente. Ese liderazgo depende de que sea capaz de permanecer con los pies en el suelo sin perder de vista nunca la visión telescópica del futuro.

Este es nuestro principal valor, y estamos orgullosos de compartirlo con pasión.

Así empieza el liderazgo desde el frente

John Kotter, un profesor de la Escuela de Negocios de Harvard, ha creado un modelo de cambio basado en ocho pasos que han superado la prueba del tiempo por su demostrada eficacia. Estos pasos incluyen:

- Establecer un sentido de urgencia
- Crear una coalición que conduzca y guie
- Desarrollar una visión de cambio
- Comunicar la visión para sumar adhesiones
- Generar triunfos a corto plazo
- Nunca disminuir el ritmo
- Incorporar el cambio en su cultura

Esta lista es muy precisa y efectiva para asegurarse que sus acciones se basan en principios válidos. Usted necesita este tipo de puntos de vista telescópicos antes de pasar a niveles más inferiores en la escala de su organización

Dinámicas de migración durante nuestro cambio personal

James Canton, futurista global y científico social, nos reta a estar constantemente en actitud de aprendizaje, colaborando y descubriendo. Tenemos que entender, administrar y aprovechar la complejidad, acogiendo por igual los cambios traumáticos y las increíbles oportunidades como piezas del rompecabezas final. Cantón utiliza el término "listo para el futuro" como la capacidad para aprovechar, monetizar y adaptarse. Cantón sintoniza con nuestra filosofía y ofrece las claves para mantener una búsqueda continua de líderes.

Las tendencias de liderazgo según KDi

Aquí están los atributos que hemos identificado basados en nuestro trabajo con gobiernos y organizaciones de diversos países emergentes y de diferentes continentes. Proporcionamos esta lista en el capítulo uno, pero ahora que usted tiene una mayor comprensión del marco de Ruta Adaptada y de lo que significa para llevar un cambio sostenible, creemos que es importante repasar de nuevo esa lista desde una perspectiva ya más estratégica.

- Comprométase a aproximar posiciones porque favorece el entendimiento sobre los objetivos del negocio y la estrategia de las iniciativas del cambio.

- Céntrese en la comunicación de manera que todas las expectativas y preocupaciones de las partes interesadas claves sean identificadas en la parte inicial del proceso.

- Favorezca una cultura de ánimo y estímulo colectivo construyendo confianza, apoyo y compromiso entre las partes para impulsar entre todos la implementación del cambio.

- Escuche la oposición de la gente de forma consciente y atienda sus temores abordando sus preocupaciones con eficacia y rapidez. Con frecuencia, las personas se suman y comprometen con un proyecto sin ofrecer demasiada resistencia si se escuchan y respetan sus diferencias de opinión.

- Aprovechar los primeros indicios de éxito involucrando a más personas, cualquiera que sea su función, es un indicador de que su proyecto avanza por buen camino. El entusiasmo que muestren se extenderá a otros. La ilusión es contagiosa.

Un cliente que estaba preparado para liderar desde el frente

Cuando la Bolsa de Singapur (SGX) intentó externalizar sus sistemas y centros de operaciones de datos, la División de Tecnología de la Información se dio cuenta de la magnitud del cambio que tenía que enfrentar en un lapso muy corto de tiempo. El cliente no sólo tenía que resolver la recolocación de más de 50 empleados, también tenía que satisfacer los requisitos reglamentarios para la externalización y abordar algunas de las preocupaciones de los actores claves. Nos comprometimos a facilitar un plan de comunicación del cambio para alinear todas las necesidades e intereses de los actores.

Los empleados afectados y actores clave fueron consultados abiertamente y mostrándoles apoyo para que no tuvieran sensación de abandono. Atender los miedos e incertidumbres de los empleados no sólo redujo un fuerte y previsible impacto en las operaciones en curso, sino también desarrolló confianza y fomentó más compromiso colectivo para adoptar el cambio. La migración al centro de operaciones externo se llevó a cabo siguiendo un riguroso plan técnico, combinándolo simultáneamente con una minuciosa campaña de comunicación centrada en las personas.

La operación fue un éxito y la transición que hizo este cliente al nuevo modelo operacional allanó el camino para continuar con una mayor transformación organizacional, fortaleciendo el núcleo de su estrategia empresarial y aprovechando sus socios externos para apoyar otro tipo de funciones importantes pero no esenciales.

Tendencias de liderazgo sobre el terreno

Mike Henry, fundador del Lead Change Group, una organización sin ánimo de lucro con más de 2.000 miembros dedicada a instigar lo que ellos definen como "la revolución del liderazgo" para que todos demos lo mejor de nosotros, ha encontrado tres tendencias en el desarrollo del liderazgo a partir de observar la evolución de las redes sociales, Internet y los propios líderes. Henry pronostica lo siguiente:

- El desarrollo del liderazgo será más personal.
- El desarrollo del liderazgo será más interno.
- Los sondeos para recibir opiniones se acelerarán.

También estamos de acuerdo con el Lead Change Group en que otras tres tendencias del desarrollo del liderazgo continuarán teniendo mucho peso en el futuro. Estas incluyen:

- El desarrollo de liderazgo se aprende, no se enseña.
- Todavía ganamos credibilidad como siempre lo hemos hecho.
- Todavía otorgaremos respeto como siempre lo hemos hecho.

Esperamos que estas líneas de trabajo de personas muy respetadas en este terreno le sirvan de guía mientras usted comienza la reflexión con su equipo sobre cómo liderar desde el frente.

La importancia de entender las necesidades humanas

Will Schutz, un psicólogo y estudioso del comportamiento humano, identificó tres necesidades básicas que la gente tiene cuando mantiene relaciones interpersonales. Estas necesidades son también fundamentalmente importantes en la reacción de la gente a la hora de enfrentarse a un cambio:

- Necesidad de control
- Necesidad de inclusión
- Necesidad de apertura

A primera vista, estas necesidades básicas puede parecer que colisionan entre ellas mismas. ¿Cómo es posible tener control estando inclusivo y abierto en todas nuestras comunicaciones? Vamos a intentar verlo desde otra perspectiva. El control puede ser una necesidad positiva si se basa en la colaboración. Si el control está basado en el ego, la gente reconocerá esto inmediatamente y sentirá desconfianza. La diferencia radica entre una formación rígida e inflexible en contraposición con un liderazgo abierto y franco desde el frente.

Daniel Goleman, el psicólogo y periodista científico que creó el concepto de inteligencia emocional y un test conocido en todo el mundo como el Inventario de Competencias Emocionales y Sociales, identifica la adaptabilidad en cuatro escalas diferentes:

- Apertura a nuevas ideas
- Adaptación a situaciones
- Habilidad para manejar las demandas inesperadas
- Capacidad para adaptar o cambiar de estrategia

Estas herramientas de autoanálisis sirven perfectamente también como referencia a los líderes que estén comprometidos en mejorar sus competencias como líderes.

Cuando hace años le presentaron a Nancy el trabajo de Goleman, ella asumió el reto de desplegar su potencial en las cuatro competencias emocionales citadas. Para ella, lo más difícil era manejar de forma adecuada lo inesperado. Y, por cierto, a pesar del esfuerzo hecho confiesa que su habilidad de adaptabilidad todavía es uno de sus puntos débiles. Sin embargo ahora es más conscientemente proactiva cuando de forma repentina le aparecen circunstancias inesperadas.

El estrés es una realidad importante a tener en cuenta

Cuando estamos sometidos a un estrés prolongado, la parte de nuestro cerebro que resuelve problemas con la máxima eficiencia se sitúa con el piloto automático. Hay una razón científica sobre por qué la gente en situaciones dilatadas de alto estrés se quejan que no pueden pensar correctamente.

Muchas personas dependen de usted como líder. Usted estará emocionalmente más fuerte y será un líder infinitamente más acertado en sus decisiones, si se toma unos minutos cada día para desconectar de las demandas del mundo exterior. En estos tiempos se necesita ser "intencional" y no es cuestión de tomar períodos de descanso para soñar despierto acerca de sus próximas vacaciones. Le recomendamos que comience con una sola inquietud o pregunta y luego realice algunas notas acerca de posibles problemas y soluciones. Cree una burbuja de reflexión durante un rato cada día, para usted solo, y verá que su pensamiento se aclara.

También le aconsejamos aprender a respirar. Un ejercicio de respiración profunda es un poderoso instrumento de transición del "cerebro ocupado" al "cerebro innovador". Y recuerde que no debe participar en esta actividad si usted está conduciendo un coche o va a pie por una ciudad llena de gente. Todo esto hay que practicarlo con un entorno propicio de tranquilidad que le ayude a concentrarse.

Es esencial un espacio que incluya reflexión

Como hemos descubierto, el cambio tiene un ritmo propio. Esa es la razón por la que las etapas de Conciencia, Aceptación y Adopción son básicas para que sus grupos de interés interioricen el cambio que se "pega". Ese mismo proceso se aplica a usted. ¿Se sorprende? O acaso se siente un poco reacio cuando se da cuenta de que está pensando, "tengo tanto trabajo que no puedo permitirme un rato para descansar".

Es una respuesta predecible para la mentalidad de adictos al trabajo que impera hoy día. Pero es muy importante que todos aprendamos a "anular" esa voz interior de adicto al trabajo, al menos por períodos cortos cada día. Por eso hemos planteado algunas preguntas reflexivas al final de cada etapa de la Ruta Adaptada. Es cuestión de administrar mejor nuestro tiempo y espacio mientras adquirimos nuevos hábitos a medida que aprendemos nuevos conceptos y los ponemos en práctica en un ambiente seguro. Cuando lo hayamos probado sabremos que nos funciona y nos costará menos llevarlo a cabo.

¿Pero no debería ser más fácil?, tal vez se cuestione. La respuesta es sí y no. Sí, sería más eficiente si pudiéramos asimilar el cambio en un instante. Los científicos nos dicen que nuestros cerebros han aprendido, como si fuera un reflejo de supervivencia, a ser escépticos respecto al cambio. Es lo que permite a los seres humanos perpetuarse. Aunque ya no estamos huyendo de los dinosaurios, nuestro " antiguo cerebro" no verbal y más emocional, no reconoce este tipo de situaciones cambiantes. Nosotros podemos contrarrestar nuestra propia resistencia al cambio reconociendo la importancia de prestar atención a las necesidades de espacio y tiempo para sentirnos más cómodos con nuevas formas de pensamiento y comportamiento. Esta es una de las razones por las que las empresas innovadoras implementan un tiempo de incubación para los managers y el resto de personal. Ellos han comprobado que la sostenibilidad auténtica requiere de un tiempo de calidad lejos de nuestros deberes y presiones laborales.

Interiorice la Ruta Adaptada, pero deje el final abierto

Si ha pasado su vida profesional trabajando en una serie de intervenciones de crisis, seguro que tiene mucha práctica mirando a través de "su espejo retrovisor" profesional.

Usted no debería simplemente pasar por encima de la actual crisis y luego esconderse emocionalmente, respirando tranquilo tras el temporal hasta que aparezca la próxima crisis.

Ahora, con nosotros, ha adquirido algunas estrategias tremendamente poderosas que le servirán para liderar un cambio sostenible, sea cual sea la situación con la que se cruce. Pero es bueno que nunca deje de formularse preguntas. Las preguntas de calidad se enfrentan a los temas como si fueran desafíos que hay que resolver. Eso le mantendrá siempre alerta y preparado. Ahora que estamos llegando al final, le dejamos aquí algunas preguntas que provocarán su reflexión y así podrá iniciar su repaso y proceso de autoanálisis del que seguro sacará buenas conclusiones para el futuro:

- ¿Qué es lo que usted y su equipo aprendieron de sus éxitos?

- Más importante aún, ¿qué ha aprendido de sus fracasos, y cómo pueden convertirse en éxitos cuando la próxima iniciativa de cambio aparezca en el horizonte? Recuerde que a veces llega sin avisar.

- ¿Cómo pueden los fallos ser útiles a su organización en el futuro?

- ¿Dónde y cómo se almacenarán estas lecciones aprendidas para que sean relevantes y accesibles la próxima vez que usted las necesite?

Poco a poco irán surgiendo otras preguntas. Usted descubrirá nuevos recursos en sí mismo. No se quede sus reflexiones para usted. Transmítalas a otros y actúe siempre con sabiduría buscando gente que pueda entrenarles a usted y a su equipo. Nunca es tarde para buscar ayuda, pero siempre es mejor hacerlo antes que se dé contra la pared o se pierda en un laberinto, incapaz de encontrar su porción del queso. Si le entra la duda, piense en Haw, el personaje de ¿Quién se ha llevado mi queso? y en cómo aprendió a adaptarse cuando comprendió que el cambio puede conducir a algo mejor.

Nuestra esperanza es que este libro se convierta para usted en una guía de referencia para su cambio organizacional y profesional. Sabemos que leer un libro sobre cómo gestionar una situación de cambio, la primera vez puede resultar una revelación. Lo hemos escrito de tal manera que su segunda y sucesivas lecturas le ofrezcan muchos momentos "Ajá". Revelaciones e ideas que pueda interiorizar para después poner en funcionamiento como estrategias para liderar el cambio sostenible en su empresa y allí donde esté. Por nuestra parte, continuaremos creciendo, conduciendo, y aprendiendo porque, con el tiempo, aspiramos a seguir ayudando a nuestros líderes a seguir construyendo más eficazmente.

Creemos que usted se beneficiará de nuestra experiencia con los clientes que tenemos en diversas partes del mundo. Pero ya ha visto como en lugar de decirle cómo debe hacer las cosas, le hemos acompañado, modelado, demostrado e involucrado en el proceso. Con los años, hemos comprobado que este es un método infalible porque usted se compromete desde el principio con el cambio. Eso le hace más fuerte. Participa como uno más de su organización en el aprendizaje tanto individualmente como en grupo. Y junto con usted, así, su organización también crece más sólida y robusta. El cambio lo hace posible la gente. Este es nuestro valor fundamental. Un principio en el que creemos firmemente y que compartimos, y seguiremos compartiendo, con gran pasión.

Reflexiones sobre cómo manejar el cambio

Le sugerimos firmemente que estas preguntas y sus respuestas, u otras que usted crea pertinentes para su situación, se conviertan en la base para que se habitúe a reflexionar sobre lo que está sucediendo a su alrededor y pueda así validar el Modelo de Facilitación al Cambio que hemos compartido con usted.

Pregúntese:

- ¿Qué me confunde todavía de la idea de liderar desde el frente?

- ¿Dónde he descubierto ejemplos que confirmen que liderar desde el frente es la mejor manera para crear conciencia, cultivar aceptación y facilitar la adopción?

- En el contexto de conquistar corazones y mentes, ¿cuáles son las estrategias que he encontrado funcionan mejor?

- Cuando repaso mis mejores destrezas en liderazgo, ¿cuándo estoy cómodo con mi progreso, y cuándo noto que debo abordar algo de forma más consciente? Cómo me siento cuando trabajo en:
  1.- La apertura a nuevas ideas
  2.- Adaptarme a nuevas situaciones
  3.- Manejar necesidades inesperadas
  4.- Adecuar o cambiar de estrategia

- ¿Qué tipo de retroalimentación verbal y no verbal obtengo de los demás acerca de mi capacidad de liderar desde el frente?

- ¿De qué manera los comentarios de otros son potencialmente útiles para lograr ser un líder que llegue más allá de mis propias expectativas enseñando a otros lo que sé para liderar?

GLOSARIO

Aceptación   El proceso mediante el cual los interesados asumen el cambio.

Marco de Ruta Adaptada   El Modelo de trabajo de KDi que se basa en activar la Concientización, la Aceptación y la Aprobación.

Adopción   El proceso por el cual los empleados de todos los niveles de la organización adquieren nuevas destrezas para poder llevar a cabo una iniciativa de cambio y, después, usarlas para mejorar la productividad.

Indagación Apreciativa   El proceso de desarrollo organizacional que, en vez de centrarse en los problemas y las deficiencias, se enfoca en los puntos fuertes y en los éxitos. De esta manera, las personas se involucran en el cambio de la organización y contribuyen a fortalecer las relaciones con las partes interesadas.

Compromiso Auténtico   Concentrarse en prestar plena atención a los demás, sin ningún prejuicio. De este modo se garantiza que los resultados incluyan puntos de vista diversos.

Concientización   El proceso a partir del cual los interesados toman conciencia de los cambios inminentes.

Marca   Más allá de una identificación comercial, es un conjunto de expectativas, recuerdos, historias y relaciones humanas que, en conjunto, cuando se trata de iniciativas de cambio, ayudan a tomar conciencia para aceptar y adoptar el cambio (la idea de esta definición se atribuye a Seth Godin de quien hablamos en el capítulo seis)

Cambiar   Evento o procedimiento que se ha desviado de su curso normal de acción.

Agente de Cambio   La persona que ayuda a promover el cambio.

Ciclo de Cambio	Es el ciclo de gestión del cambio a través del proceso de toma de conciencia, la aceptación y aprobación.
Modelo de Facilitación del Cambio	Una cuidada sincronización de las cuatro fases de facilitación basadas en Reorganizar, Planificar, Ejecutar y Tutelar el modelo que hemos diseñado para apoyar y complementar nuestro Marco de Ruta Adaptada.
Equipo de Facilitación del Cambio	El equipo de personas de diferentes partes de la organización que facilitan la toma de conciencia, la aceptación y, en última instancia, la adopción de la iniciativa de cambio para poder conseguir un impacto positivo.
Red de Apoyo al Cambio	Pequeño grupo de personas cuidadosamente seleccionadas entre las partes interesadas para ayudar al equipo de facilitación del cambio a conseguir la adopción -generalmente mandos intermedios que tienen tanto la confianza de sus subordinados como de sus superiores-. Se convierten en los embajadores que velan para que las personas sigan siendo lo más importante de la iniciativa de cambio y sus intereses se mantengan en el centro de la planificación y ejecución a lo largo de todo el proyecto.
Sesiones Clínicas	Reuniones informales para fomentar la colaboración en las que se prepara a los participantes para que se familiaricen con el nuevo proceso de cambio y se les entrena con ejercicios prácticos dirigidos por expertos.
Plan de Comunicación del Cambio	Visión detallada sobre el tipo de la comunicación que hay que mantener con cada parte interesada respecto al inminente cambio, contemplando una amplia variedad de canales y medios para aumentar su receptividad y reducir las dudas y reticencias que puedan existir.
Aprendizaje Diferido	Aprendizaje al que se puede acceder sin tener que estar físicamente presente y que incluye sitios web, listados de preguntas y dudas más frecuentes y vídeos, entre otros procedimientos.

Patrocinador Ejecutivo	Es la persona que tiene la última palabra y la autoridad necesaria para asumir la responsabilidad de la marcha de la iniciativa de cambio, la coordinación con el jefe de equipo, y los objetivos fundamentales a conseguir.
Hoja de Datos	Información concisa que proporciona una rápida descripción general de especificaciones importantes sobre el proyecto y los sistemas empleados.
PP.FF	Acrónimo que se refiere a la lista de preguntas y respuestas que surgen con más frecuencia.
Grupos de Enfoque	Una metodología destinada a suscitar reacciones de los participantes en temas específicos con el fin de generar ideas y conceptos que ayudarán a la organización a entender mejor las necesidades de las partes interesadas y sus preocupaciones.
Alto Contacto Bajo Contacto	El Alto Contacto implica una relación muy próxima, con atención personalizada y servicio hacia las partes interesadas. Ocurre en tiempo real, cara a cara, de forma interactiva. Por el contrario, el Bajo Contacto es una actitud pasiva, nula proximidad y escaso interés por ganarse el respeto y simpatía de los actores implicados. La relación siempre es remota y en tiempo de retardo.
Economía del Conocimiento	La economía que se basa principalmente en el uso de ideas en lugar de las habilidades físicas. Se centra en la aplicación y el desarrollo de tecnología.
DO	Abreviatura de Desarrollo Organizacional. El conjunto de intervenciones deliberadas para mejorar el capital humano y fomentar la relevancia, viabilidad y sostenibilidad de la organización.
Cambio de Paradigma	Cuando la forma de hacer o de pensar aceptada como correcta hasta entonces cambia radicalmente por otra totalmente diferente y más eficaz.

Desarrollo de Personas	El término que describe el proceso de creación de una cultura organizativa que admite la capacidad de las personas para aprender, reaprender, actualizar y adaptar su forma de hacer y pensar en función de las necesidades de cambio.
Plan de Aprendizaje al Rendimiento	Método de transferencia de conocimiento y habilidades a los interesados para que adopten nuevas o mejoradas prácticas organizativas como resultado de la iniciativa de cambio.
Apoyo al Rendimiento	Sistema para incentivar la excelencia de los empleados. Puede ir desde el entrenamiento de forma informal de un supervisor a un empleado, al uso sofisticado de bases de datos para hacerlas llegar a los trabajadores utilizando otros métodos, como dispositivos móviles. El objetivo es mejorar el rendimiento. Los sistemas de apoyo han de estar en consonancia con las necesidades y al alcance de los interesados de forma inmediata siempre que los necesiten.
Tiempo Real	Los actos e intercambios que se produzcan han de realizarse cara a cara, ya sea compartiendo espacio físico o en el ámbito digital.
Economía de Recursos	Economía cuyo Producto Nacional Bruto o el Producto Interno Bruto proviene en gran medida de los recursos naturales.
Rendimiento de la Inversión	Medida para evaluar la eficiencia de una inversión o para comparar la eficacia de una serie de diferentes inversiones.
Giras o Road Shows	Actos en diferentes lugares o ciudades, con un elevado nivel de energía y muy bien ejecutados para que los asistentes tengan información de primera mano, adquieran conocimientos esenciales y puedan participar activamente. Ayudan a generar confianza.

Percepción Selectiva	Modo de comportamiento en el que una persona interpreta algo en función de ideas preconcebidas sin tener conocimiento real previo.
Los Interesados	Todos los grupos afectados y necesarios para el éxito de una iniciativa de cambio.
Plan de Compromiso de las Partes Interesadas	Proyecto para involucrar y fomentar la participación de las partes interesadas con el fin de construir el máximo grado de compromiso posible y cultivar la aceptación de la iniciativa de cambio.
Comité de Dirección	Es el formado por los altos directivos que se encargan de evaluar la gestión, proporcionar orientación estratégica y dar el visto bueno final en todo tipo de iniciativas a lo largo del proceso.
Adherencia	Aquellas ideas o conceptos que son comprendidos, se recuerdan, y se "enganchan" de tal forma que tienen un impacto duradero. El término, muy utilizado en marketing, se hizo famoso con el libro "ideas que pegan" de Chip Heath y Dan Heath.
Jefe de Equipo	El que está a cargo de todas las fases de la planificación y la ejecución de un proyecto. Informa directamente al patrocinador ejecutivo.
Punto de Inflexión	Entendido como el "momento de masa crítica", aquel instante mágico que puede expandir una idea, producto, o comportamiento tan rápido como el fuego. Esta reflexión se popularizó con el libro de Malcolm Gladwell, traducido al español como La Clave del Éxito.

REFERENCIAS

Capítulo Uno: Explorar el Cambio como una Constante

Sara Horowitz, Maya Enista, *Innovadores Sociales Blog, Movilizar para el Cambio en el siglo XXI*, http://www.socialinnovation.ash.harvard.edu/part-ii-mobilizing-for-change-in-the-21st-century.html (Mayo de 2011).

Karl Weick, Kathleen M Sutcliffe, Gestionando lo *Inesperado*, (San Francisco: Jossey-Bass, 2007).

John P. Kotter, *Liderar el Cambio* (Boston: Harvard Business School Press, 1996).

Edward E. Lawler III, Christopher G. Worley, Reinicializar la Gestión*: Organización para una efectividad duradera*, (San Francisco: Jossey-Bass, 2011)

Capítulo Dos: Superar la Resistencia al Cambio

Paul MacLean reveló el misterio del comportamiento humano con su teoría del cerebro triuno. Su teoría se describe en un artículo publicado por Gustav Uhlich, Nuestro *Cerebro Triuno* en el Contrato Social, Vol. 12.
http://www.thesocialcontract.com/artman2/publish/tsc1203/article_1071.shtml.

Thomas S. Kuhn, citado por Eric Beinhocker en El Origen *de la Riqueza*, (Boston, Harvard Press, 2006)

David Hu, en una entrevista con Richard Harris *Splish Splat? ¿Por qué la lluvia no mata a los mosquitos?*, en la Radio Pública de EEUU transmitida el 5 de Junio de 2012, http://www.npr.org/2012/06/05/154300189/splish-splat-why-raindrops-dont-kill-mosquitoes.

Capítulo Tres: Alentar el Cambio

Arte Markman, Psicología Hoy *Lo impredecible forma parte de nuestra naturaleza* http://www.psychologytoday.com/blog/ulterior-motives/200811/unpredictability-is-in-our-nature/comments (Noviembre 2008)

Twyla Tharp, El *Hábito Creativo: Apréndelo y Quiérelo de por Vida*, (New York: Simon & Schuster, 2003)

Spencer Johnson, ¿Quién se ha Llevado mi Queso?, (New York: G. P. Putnam, 1998)

Steven Johnson, ¿De Dónde Vienen las *Buenas Ideas? La Historia Natural de la Innovación (New* York: Riverside Libros, 2010)

Capítulo Cuatro: Evaluar la Disposición al Cambio

Edward De Bono, *Seis Sombreros para Pensar: Un enfoque fundamental de la mano del creador de pensamiento lateral* (New York: Little Brown & Company, 1986)

Capítulo Seis: Crear Conciencia

Chip Heath, **Dan Heath,** *Ideas que Pegan: Por qué unas ideas sobreviven y otras mueren*, (New York: Random House, 2007)

Rosabeth Moss Kanter, *Cinco Consejos para Dirigir Campañas para el Cambio* http://blogs.hbr.org/kanter/2010/05/five-tips-for-leading-campaign.html, (Mayo 2010)

Seth Godin, *Definir Marca,* http://sethgodin.typepad.com/seths_blog/2009/12/define-brand.html (Diciembre 2009)

Hansa Marketing, *Qué Ofrece la Marca: Nueve Principios de la Gestión del Cambio,* http://www.hansamarketing.com/blog/bid/238064/Delivering-the-Brand-Nine-Principles-of-Change-Management (Marzo 2011)

Stephen Covey, Los 8 Hábitos: *De la Eficacia a la Grandeza* citado en el libro de Chip y Dan Heath, *Ideas que Pegan.*

Roger C. Schank, *Cuéntame un Cuento: Una Nueva Mirada a la Memoria Real y Artificial* (New York: Charles Scribner's Sons, 1990)

Capítulo siete: Cultivar la Aceptación

Olivier Serrat, *la Indagación Apreciativa (Washington*, DC: Banco Asiático de Desarrollo, 2010)

Capítulo Ocho: Facilitar la Adopción

Laurie Bassi, en un artículo online titulado *Respuesta Comedida*, David McCain cita a la Dr. Bassi, quien encontró correlaciones entre el grado de compromiso de las empresas en la formación de sus trabajadores y el rendimiento. http://www.cfo.com/article.cfm/14577155 (Junio 2011)

Don Clark, *El Arte y la Ciencia del Liderazgo,* Http://www.nwlink.com/~donclark/leader/leader.html (Octubre 2012)

Malcolm Knowles, El Aprendizaje de los Adultos: *Una Especie abandonada* (Oxford Inglaterra: Golfo Publishing, 1978)

El Dr. Conrad Gottfredson y Bob Mosher, *Apoyo al Rendimiento Innovador: Estrategias y Prácticas para el Aprendizaje en el Trabajo (*New York: McGraw Hill, 2011)

Gabriel Radvansky, *Caminando a Través de las Puertas*, en un artículo de Susan Guibert publicado online en el Notre Dame Noticias, 16 de noviembre de 2011. http://news.nd.edu/news/27483-walking-through-doorways-causes-forgetting-new-research-shows/

Capítulo Nueve: Actualizar el Futuro

*Jack Uldrich y Simon **Anderson,** Foresight 2020: Un Visionario Explora las Tendencias para Transformar el mañana. http://www.amazon.com/Foresight-2020-Futurist-Transforming-ebook/dp/B008OXVAF4.*

Ernst and Young, *Redefiniendo la forma de hacer negocios: una mirada a las tendencias mundiales que están cambiando el mundo de los negocios*, http://www.ey.com/GL/en/Issues/Business-environment/Business-redefined---Understanding-the-forces-transforming-our-world.

Knoll Investigación, Cinco *Tendencias que están Cambiando Radicalmente el Trabajo y Dónde Trabajamos*, la descarga de toda la documentación técnica está disponible en su página web, http://www.knoll.com/knollnewsdetail/five-trends-that-are-dramatically-changing-work-and-the-workplace.

Woody Wade, artículos sobre planificación de escenarios de su página web www.11changes.com http://www.11changes.com/scenario-planning/what-is-scenario-planning.html.

Pierre sacarte, El Discreto Arte de Re-Percibir: una cosa o dos aprendidas preparando escenarios de Planificación. Royal Dutch/Shell *Harvard Business Review*, https://pure.strath.ac.uk/...wacks-the-gentle-art-of-reperceiving (Septiembre 1985)

Capítulo Diez: Liderar desde el Frente

John Kotter, Los *8 Pasos para Liderar el Cambio*, Http://www.kotterinternational.com/our-principles/changesteps/changesteps.

Santiago Canton, www.FutureGuru.com.

Mike Henry, Lead Change Group http://leadchangegroup.com/6-future-trends-of-leadership-development/ (2011 Octubre).

Daniel Goleman, *Inteligencia Emocional: Por qué es más importante que el Coeficiente Intelectual (*New York: Bantam Books, 1996)

RECURSOS

Plan de Adopción al Cambio

Cuando desarrolle un Plan de Adopción al Cambio su objetivo debe centrarse en discernir el impacto que producirá en las partes interesadas y elaborar una estrategia coherente de facilitación al cambio, al igual que una serie de planes de acción que preparen el terreno para la ejecución de toda la iniciativa dentro de la organización.

La siguiente tabla le proporcionará una manera estructurada de organizar las actividades de planificación, analizar y evaluar el grado de buena disposición, y desarrollar los primeros pasos de su estrategia.

Actividad	¿Qué Analizar?	¿Quiénes Participan?	¿Cómo Puede Estar Seguro
Análisis del Cambio	Es importante identificar las áreas que más va a modificar el cambo que propone, desde la política interna a los métodos de operaciones utilizados. La descripción de los puestos de trabajo necesarios, o los sistemas tecnológicos. Todo es importante y todo cuenta cuando se trata de una iniciativa de cambio a gran escala.	El patrocinador puede proporcionar una perspectiva estratégica de la iniciativa y articular claramente los resultados. El Equipo de Ejecución es el que percibe el proyecto sobre el terreno de primera mano y puede determinar el alcance de los objetivos y los resultados.	Si hubiera que definir mejor las áreas de cambio que van a tratarse, conviene validar con la Red de Apoyo al Cambio y el Equipo de Ejecución del proyecto.
Análisis de las Partes Interesadas	Las partes internas y externas afectadas por el cambio o que tengan influencia en el cambio. Esto podría incluir dirección, empleados, accionistas, socios y clientes, entre otros.	Quienes puedan verse afectados en mayor o menor medida. Sea tan específico como pueda cuando determine las zonas de cambio y de qué manera se verán afectados los interesados.	Recoja ideas y opiniones con la ayuda de la Red de Apoyo al Cambio. También puede consultar con los representantes de las partes interesadas para obtener una mayor claridad y precisión.

Actividad	¿Qué Analizar?	¿Quiénes Participan?	¿Cómo Puede Estar Seguro
Análisis de Impacto	El análisis de impacto que causará el cambio en las partes interesadas debe ser lo más detallado posible, de tal forma que si hace falta más información puedan estudiarse segmentos dentro del mismo grupo Por ejemplo, los consumidores pueden dividirse en dos grupos, los que compran online y los que lo hacen presencialmente.	Dado que todos los grupos de interés reciben algún tipo de impacto, es oportuno clasificarlos por grados de alto, medio y bajo impacto. El alto impacto denota que el cambio tiene un efecto muy adverso en ese segmento y nos indica que debemos prestar mucha atención a su gestión. El grado de impacto más bajo se aplica a los afectados que percibirán menos trastornos en su rutina.	Preguntando a la Red de Apoyo al Cambio sobre las inquietudes o potenciales problemas que tendrán que enfrentar los grupos de interés. Así usted dispondrá de una información precisa acerca del grado de impacto y podrá clasificarlos según éste sea alto, moderado o bajo.
Estrategia para la Facilitación del Cambio	Determinar la disposición de los interesados es la parte más importante de una planificación. Saber qué segmentos son más favorables al cambio y cuáles ofrecen más signos de resistencia nos permitirá decidir acertadamente. Deberá articular una estrategia para asegurar el apoyo y para abordar todas las inquietudes que pueda haber.	Hay que abordar individualmente cada grupo de interés. Para cada uno de ellos deberá diseñar las acciones y medidas adecuadas que puedan mitigar su resistencia, sea del grado que sea. Se recomienda poner en práctica actividades de concientización, aceptación y aprobación para amortiguar los focos de desconfianza.	Validar la estrategia con la Red de Apoyo al Cambio. Elaborar los planes de comunicación, compromiso de las partes interesadas, de aprendizaje y rendimiento. Esto le permitirá diseñar mejor la estrategia de facilitación al cambio y ponerla en marcha.

Como le explicamos en el Capítulo Cuatro, es conveniente que en sus análisis no pierda de vista los tres grandes tipos de problemas con los que va a tener que enfrentarse. Debe abordarlos siempre que pueda simultáneamente. Recuerde que se dividen en: operativos, emocionales y supuestos, y son los que le ayudarán a abordar escenarios ambiguos. Identificar el origen de los problemas permite siempre una mayor comprensión y, a la vez, una mayor precisión a la hora de mitigarlos.

La evaluación del grado de predisposición al cambio debe hacerse sobre la base de los diferentes tipos de problemas que los grupos de interés estén experimentando. Así, los resultados serán más exactos. Al diferenciar en categorías las inquietudes de los grupos de interés, usted y su equipo podrán planificar más eficazmente y mejorar el enfoque si hiciera falta para poder avanzar. Además, se debe tener en cuenta las dos dimensiones que acompañan siempre los estados de disposición al cambio. Una de ellas es la capacidad para el cambio, y la otra es el nivel de preparación para el mismo.

Indicadores de Disposición	Interpretación	Estrategia Potencial
Confiados	Alta disponibilidad, buena aptitud y dispuestos a aceptar los cambios.	Aceptan rápido, asienten mostrar el camino a otros. Acceden participar en el programa piloto.
Competitivos	Moderada disposición. Receptivos a cambiar pero aún necesitan prepararse más para dar el paso.	Necesitan centrarse en comunicar la necesidad del cambio y la oportunidad de aprender a mejorar el rendimiento.
Conservadores	Predisposición entre buena y moderada. Están dispuestos pero tienen reservas con algunos aspectos de la adopción al cambio.	Necesitan centrarse en comunicar los beneficios para poder reducir las dudas.
Satisfechos	Representan el grado más bajo de disponibilidad al cambio. No les atrae en absoluto el proceso.	Hay que ofrecerles total apoyo y escucharles. Transmitirles los beneficios y éxitos que conllevará el cambio y hacerles partícipes de las actividades de adopción.

En general, cuanto más predispuesto está un individuo o un grupo de interés, menor es su resistencia a la adopción del proceso de cambio. Estos indicadores de predisposición al cambio que le acabamos de ofrecer son una buena guía. Le aconsejamos que los repase periódicamente durante la puesta en marcha de su proyecto para que pueda evaluar sus esfuerzos tanto en los pequeños detalles –nivel micro- como en el panorama completo -nivel macro-, o incluso cuando ambas perspectivas interactúan.

Plan de Comunicación del Cambio

El Plan de Comunicación del Cambio le proveerá con un calendario de actividades informativas que se han de llevar a cabo para aumentar la conciencia colectiva respecto a su iniciativa. Estas actividades se elegirán específicamente para reforzar el Plan de Adopción con el fin de abordar las preocupaciones que se hayan detectado. El Plan de comunicación mejorará la visibilidad y percepción de la iniciativa de cambio, y responderá a las lagunas de información que puedan existir.

Los objetivos, grupos de afectados agrupados por intereses compartidos, contenidos y calendario de estas actividades de comunicación forman parte esencial de su plan. Por eso debe cuidarse al máximo porque su repercusión también es máxima. A continuación le ofrecemos una tabla que sintetiza a modo de guía los aspectos más imprescindibles que debe contemplar dicho plan:

Actividad	Objetivo y Partes Interesadas	Contenidos y Mensajes Clave	Calendario
Iniciativa de Marca	Una muy cuidada y definida marca da identidad, engancha e ilustra la iniciativa de forma muy clara a todas las partes interesadas.	Con la creación de un logotipo y un slogan que represente su iniciativa, ayuda a todos grupos interesados a recordar y comprender mejor los objetivos de su iniciativa.	Es muy importante fijar los tiempos. Se recomienda fijar un calendario y presentarlo durante el lanzamiento de la iniciativa de cambio. Le dará credibilidad comprometerse públicamente.
Preguntas Frecuentes y Hoja Informativa	Todas las partes interesadas tienen preguntas que quieren aclarar sobre la iniciativa. El por qué, cuándo, quién y cómo son las más comunes pero no las únicas. Haga una lista de las más importantes y ofrezca respuestas claras.	El listado de Preguntas y Respuestas es una parte esencial del éxito de su plan de comunicación. En papel o en formato digital también puede ofrecer una Hoja Informativa proporcionando un resumen atractivo de lo más importante de su proyecto.	Debe ofrecerse al principio de la iniciativa y ha de estar siempre actualizado con las nuevas dudas que surjan durante el proceso. Este flujo informativo ofrece transparencia y tranquilidad. También facilita la adopción porque aclara los detalles de la ejecución.

Actividad	Objetivo y Partes Interesadas	Contenidos y Mensajes Clave	Calendario
Anuncios y Comunicados	Han de ofrecerse de forma periódica y deben adaptarse a las necesidades de los diferentes grupos de interés. Siempre han de contener información relevante sobre la iniciativa.	Deben abordar los aspectos más destacados de las actividades inminentes y promover la participación de las partes interesadas. La información que se ofrece ha de estar diseñada para responder a las expectativas creadas.	Hay que informar con tiempo de las actividades y recordarlas periódicamente. Para ocasiones que requieran una mayor movilización o llegar a determinados grupos, conviene planificar con más antelación.
Actualizar las Sesiones	Es importante mantener actualizadas las sesiones específicas que se mantengan con las partes interesadas. Esto permite aclarar las incertidumbres antes de que se extiendan. Ayuda a reducir la incertidumbre, disipa los rumores y las ideas preconcebidas.	Conviene incluir el máximo de detalles posibles acerca de los cambios que afectan a las partes interesadas. Hay que preparar respuestas y acciones necesarias para poder atraer apoyos.	Tres a cuatro semanas antes de la próxima actividad, y hacer periódicos recordatorios. También es conveniente hacer un seguimiento de las aclaraciones que se hagan para asegurarnos que hemos acertado el objetivo y que se han recibido de forma correcta.
Boletín	Un boletín periódico, además de informar, es bueno para transmitir "historias humanas" que ayudan a aumentar el nivel de interés de la iniciativa. Por lo general se dirige a los interlocutores internos.	Destaca ejemplos concretos y las reacciones positivas que ha habido de la iniciativa. Hay que incluir el mayor número de voces posibles de los distintos actores afectados ya que contribuye a fortalecer la impresión de la recepción.	De mensual a trimestral. Las organizaciones que ya tienen Boletines internos pueden añadir información relativa a la iniciativa sin tener que crear un boletín por separado.

Actividad	Objetivo y Partes Interesadas	Contenidos y Mensajes Clave	Calendario
Acto de Lanzamiento	El acto para presentar el lanzamiento de la iniciativa ha de servir para difundir información y celebrar logros conseguidos. Los representantes de todas las partes interesadas están invitados al acto. Es una muestra de consideración y agradecimiento.	Los datos más destacados de la iniciativa y los detalles más significativos que aún no se hayan revelado. Ofrecer públicamente reconocimiento a las partes interesadas que hayan mostrado ya su apoyo y contribución. Reconocimiento para el equipo de implementación.	Se trata de la etapa final de la fase de preparación de la iniciativa que marca la transición a la fase operativa.

Cuando ya se han determinado estas actividades de comunicación para promover su iniciativa de cambio, recomendamos preparar una guía más visual y esquemática de su proyecto. Es un instrumento ligero que sirve para tener siempre visión general de la programación a mano, sin olvidarse de incluir el calendario de las fases, y los actos internos y externos que hay programados para difundir la iniciativa. El Plan de Comunicación del Cambio debe ser contrastado con la Red de Apoyo al Cambio para asegurarse la sincronización de contenidos y los ritmos de la implementación.

Plan de Compromiso con las Partes Interesadas

El Plan de Compromiso con las Partes Interesadas, es más que un compromiso propiamente dicho. Va más allá de un simple acuerdo porque ayuda a construir vínculos afectivos, entre los interesados y la organización, que ayudan a impulsar el desarrollo en todos los terrenos de la empresa. El Plan incluye un calendario de todas las actividades que se organicen para involucrar y fomentar la interactuación con las partes interesadas a fin de abordar las inquietudes y desafíos que surgen de la iniciativa de cambio. Esas preocupaciones y retos son fundamentalmente de carácter operativo y para resolverlos, tener la complicidad de los grupos de interés, fomentando su participación, es muy importante.

Los objetivos, los grupos de interés específicos, el formato de interacción elegido, y el tiempo necesario para desarrollar estas actividades de participación son elementos esenciales a contemplar en el plan. La siguiente tabla ofrece una guía para su diseño:

Actividad	Objetivo y Partes Interesadas	Modo de Interacción	Calendario
Grupos de Enfoque	Recoger las opiniones y problemas para entender las preocupaciones y explorar posibles soluciones. Sólo se involucra a determinados grupos de interés específicos.	Se invita a un pequeño grupo de representantes de los grupos involucrados a aportar respuestas a las preguntas o aclaraciones sobre los aspectos que más preocupen.	Las actuaciones han de llevarse a cabo en la fase inicial de la iniciativa que es cuando las preocupaciones se expanden. Conviene escuchar, comprender y explorar todo tipo de ideas y soluciones.
Juegos y Desafíos	Una iniciativa de cambio precisa de un ambiente favorable. Se recomienda explorar pautas de trabajo y entreno distendidas. Se incluye a grupos de actores específicos afectados por la iniciativa	Se hace una invitación abierta a todos a participar en juegos o concursos para atraer a los más escépticos. A través de la diversión y las interacciones positivas, nuestras mentes se vuelven más abiertas al cambio.	Se hace en las etapas iniciales de la iniciativa, cuando un impulso positivo tiene mayor repercusión. Es de gran ayuda para iniciativas que han sido percibidas como complicadas.

Actividad	Objetivo y Partes Interesadas	Modo de Interacción	Calendario
Reuniones Abiertas/de Comunidad	Hay que avivar la confianza escuchando de forma consciente y ofrecer información a los grupos de interés que son más críticos con la iniciativa.	Reunirse con los grupos de interés para fomentar el diálogo. Intentar entender los problemas que ven, poniéndose en su lugar. Visitar su sede es muestra de buena voluntad. La sinceridad es clave para conseguir apoyos y alianzas.	Hay que actuar rápido y en las etapas iniciales de la iniciativa, cuando los grupos contrarios dejan ver claro que el camino no va a "ser dulce".
Canales para Recibir Opiniones y Críticas.	Conviene reunir todo tipo de reacciones para identificar los obstáculos al cambio. Todos los interesados están invitados.	Abierto a todos los interesados. Para garantizar sinceridad se pueden establecer canales sin dar el nombre. El correo electrónico o la carta también son útiles. Abrir en la Web del Cambio una zona de comentarios es otra buena plataforma.	Es oportuno hacerlo a lo largo de toda la iniciativa. Este es un proceso en curso y la evaluación debe realizarse de forma constante a fin de atender todos los comentarios de manera oportuna y rápida.
Giras y Actos Externos	Desarrollar la participación, sea, directa o interactiva, ayuda a difundir la nueva iniciativa. Es bueno invitar tanto a grupos específicos, como a todos los actores interesados.	En actos que fomentan la interacción, los interesados logran experimentar y entender mejor el cambio. Eso estimula y mejora su disposición.	Este tipo de acciones se recomiendan en la fase final, cuando la mayoría de los detalles de la iniciativa ya están perfilados. Las reacciones deben monitorearse detenidamente.

Las actividades para reunir compromisos de las partes le consumirán mucho tiempo y requieren dedicación. Han de planificarse bien para que garanticen el fomento de entendimiento en torno a los desafíos planteados y ayuden a crear una atmósfera positiva hacia la iniciativa. No olvide que el Plan de Compromiso de las Partes interesadas debe ser validado por la Red de Apoyo para asegurarse su pertinencia de contenidos y oportunidad en la forma de ejecución.

Pan de Aprendizaje al Rendimiento

Asumir responsabilidades forma parte del liderazgo y, por tanto, de usted depende el éxito o el fracaso de la Adopción. Recuerde que, si bien la formación de mandos intermedios ayuda a desarrollar mejor los programas de capacitación, ellos le rinden cuentas a usted de sus intervenciones basadas en el rendimiento, y fundamentadas en la dirección estratégica que usted, su equipo, y la Red de Apoyo al Cambio se han comprometido a llevar a cabo.

Como líder, su papel ahora es supervisar el éxito de su iniciativa rodeándose de un personal altamente comprometido, y muy cualificado para satisfacer las necesidades de cambio.

Aprovechando que usted ha mejorado su capacidad para motivar a los demás, ahora debe tranquilizar a los profesionales encargados de la formación y demostrarles que entiende los conceptos básicos de su trabajo y la gran importancia de lo que hacen. Le instamos a que colabore con ellos para que perciban que les valora. Sin embargo, también ha de dejarles claro que es usted, y sólo usted, el que toma las decisiones finales acerca de cómo se ejecutan las seis etapas del Plan de Aprendizaje del Rendimiento.

ABSORBER	**Centrarse en las Lagunas de Rendimiento**	**Intervención Eficaz**	**Resultados de Rendimiento**
Experiencia	Identificar las brechas que pueda haber en el rendimiento y elegir los estilos de aprendizaje oportunos.	Informal-cara a cara y sesiones interactivas mediante simulaciones de escenarios o juegos de desafío.	Los participantes pasan del miedo a lo desconocido a creer que ellos pueden tener éxito.
Entrenar	Utilizar la información conseguida en las sesiones de la primera fase de la iniciativa para desarrollar nuevas destrezas interactivas.	Se aconseja hacer la formación en el lugar de trabajo con un facilitador del cambio y reforzar con sesiones online a aquellos individuos que necesiten más ayuda.	Los asistentes a la formación demuestran el nivel real de competencia, a la vez que adquieren otros métodos para aprender los nuevos conceptos.

ABSORBER	Centrarse en las Lagunas de Rendimiento	Intervención Eficaz	Resultados de Rendimiento
Apoyo	Ofrecer apoyo constante al rendimiento y en el momento que se necesita.	Asistencia online y por medio de ayuda informal relacionada con las necesidades laborales de cada uno para aprender nuevas destrezas.	Los asistentes han de sentirse libres para expresar sus dudas. Así harán las preguntas oportunas para obtener las respuestas necesarias.

APLICAR	Centrarse en ser Competentes	Intervención Eficaz	Resultados de rendimiento
Coach	El *coach* además de entrenar y facilitar el aprendizaje, observa y evalúa el grado de capacitación.	El *coach* modela interviniendo cuando lo ve necesario para fomentar el aprendizaje. También permite a los empleados cometer errores para aprender de ellos. Se ofrece apoyo online si es necesario.	Los participantes demuestran nuevas habilidades llevando a cabo tareas en las que el entrenador puede detectar los puntos fuertes y las carencias a las que todavía tienen que hacer frente.
Colaborar	Los asistentes participan en un nivel de igualdad con su entrenador en la última fase de la adopción.	Los asistentes demuestran sus nuevas habilidades y escuchan los comentarios de los demás y del entrenador. Se ofrece apoyo online si es necesario.	Los asistentes demuestran habilidades para comprometerse a continuar su aprendizaje si es necesario. El entrenador observa y evalúa el progreso.
Facilitar	Los asistentes se convierten en mentores de otros compañeros de trabajo desde el momento en que adquieren nuevos	Este nuevo rol hace sentir orgullosos a los empleados por poder ayudar a otros compañeros. Sin darse cuenta profundizarán su	Los resultados se demostrarán con un mejor desempeño de su trabajo.

APLICAR	Centrarse en ser Competentes	Intervención Eficaz	Resultados de rendimiento
	conocimientos.	propio nivel de conocimientos en el desempeño de su trabajo. *Los mentores animan a recibir más apoyo online.*	

Y una nota final:

Este plan es, por necesidad, una visión muy genérica. Es radicalmente diferente a la forma tradicional de llevar a cabo la formación. Sabemos que funciona y estas pautas están aquí para ayudarle a modernizar su personal fomentando su automotivación. Verá cómo se enorgullecen de que su rendimiento mejora y de que, además, pueden y quieren ayudar a otros a conseguir lo mismo.

www.ingramcontent.com/pod-product-compliance
Lightning Source LLC
Chambersburg PA
CBHW080544220326
41599CB00032B/6352